신문이 보이고 뉴스가 들리는 ㉜

재미있는
우리 **문화유산
이야기**

신문이 보이고 뉴스가 들리는 ㉜
재미있는 우리 문화유산 이야기

초판 1쇄 발행 | 2013년 2월 6일
초판 6쇄 발행 | 2020년 12월 24일

지 은 이 | 송미화
그 린 이 | 문수민 이창우
감 수 | 송호정

펴 낸 곳 | (주)가나문화콘텐츠
펴 낸 이 | 김남전
편 집 장 | 유다형
편 집 | 이보라
디 자 인 | 정란
마 케 팅 | 정상원 한웅 정용민 김건우
관 리 | 임종열 김하은

출 판 등 록 | 2002년 2월 15일 제10-2308호
주 소 | 경기도 고양시 덕양구 호원길 3-2
전 화 | 02-717-5494(편집부) 02-332-7755(관리부)
팩 스 | 02-324-9944
홈 페 이 지 | ganapub.com
이 메 일 | ganapub@naver.com

ISBN 978-89-5736-565-6 (74900)

*이 책의 맞춤법은 국립국어원 표준국어대사전을 따랐습니다.
또 문화유산의 명칭은 교과서와 유네스코 세계 유산 목록을 기준으로 했습니다.

*책값은 뒤표지에 표시되어 있습니다.
*이 책의 내용을 재사용하려면 반드시 (주)가나문화콘텐츠의 동의를 얻어야 합니다.
*잘못된 책은 구입하신 서점에서 바꾸어 드립니다.

*'가나출판사'는 (주)가나문화콘텐츠의 출판 브랜드입니다.

• 제조자명 : (주)가나문화콘텐츠
• 주소 및 전화번호 : 경기도 고양시 덕양구 호원길 3-2 / 02-717-5494
• 인쇄일 : 2020년 12월 17일
• 제조국명 : 대한민국
• 사용연령 : 4세 이상 어린이 제품

신문이 보이고 뉴스가 들리는 재미있는 우리 문화유산 이야기

32

글 송미화 | 그림 문수민·이창우
감수 송호정(한국교원대학교 역사교육과 교수)

가나출판사

| 머 리 말 |

문화유산에 담긴
　　우리의 역사

　어린이 친구들도 신문이나 텔레비전 뉴스에서 우리나라와 일본이 독도와 위안부 문제로 갈등을 겪는다는 소식을 종종 봤을 거예요. 이런 일을 '역사 갈등'이라고 하지요. 역사는 과거에 살았던 사람들의 사건과 생활을 담은 기록이에요. 하지만 이런 뉴스로도 알 수 있듯이 역사는 과거에만 머물러 있지 않아요. 우리의 생활과 곧 다가올 미래에도 영향을 끼치지요.

　역사에 담긴 지혜를 찾아 현재의 모습을 점검하고 바람직한 내일을 준비한다면 그 의미가 더 커지겠지요? 우리가 역사를 배우는 이유도 올바른 삶을 사는 지혜를 배우기 위해서예요. 물론 독도 문제 같은 갈등이 생겼을 때도 역사를 제대로 알고 있어야 문제를 잘 헤쳐 나갈 수 있지요.

　그럼 역사를 제대로 잘 알려면 무엇부터 공부하면 좋을까요? 선생님은 우리 땅 곳곳에 있는 문화유산을 공부하고 감상하는 방법을 추천해요. 문화유산은 그 자체의 아름다움만으로도 가치가 있지만, 역사의 흔적이 고스란히 남아 있어서 역사를 재미있게 알 수 있는 좋은 소

우리 땅 곳곳에 있는 우리 문화유산 지도

선조들이 남겨 놓은 우리 문화유산에는 깊은 생각과 사상이 담겨 있어요. 또 문화유산에는 역사가 깃들어 있어서 문화유산 이야기를 듣다 보면 역사 공부가 저절로 된답니다. 자, 이제 역사 속에서 살아 숨 쉬는 우리의 훌륭한 문화유산을 만나러 가 볼까요?

재거든요. 또 겉모습만으로 문화유산의 가치를 평가하는 것에서 좀 더 나아가, 문화유산을 만들던 당시 사람들의 생각이나 생활 모습을 찾아본다면 더 재밌을 거예요. 아는 만큼 보인다는 말이 있지요? 어린이 친구들이 문화유산에 관심을 갖고 보다 보면 어느 순간 문화유산의 숨결과 함께 조상들이 남긴 역사의 지혜까지 느낄 수 있을 거랍니다.

우리나라에는 조상들이 남긴 훌륭한 문화유산이 많이 있어요. 그중 많은 수가 유네스코 세계 유산으로 지정되었어요. 이것은 우리 문화유산이 세계 인류가 같이 누리고 지켜야 할 유산이 됐다는 뜻이기도 해요. 그러니 앞으로 우리의 훌륭한 문화유산을 더욱 소중히 여기고 관심을 가져야겠지요?

선생님은 어떻게 하면 우리 문화유산을 여러분들에게 재미있게 보여 줄 수 있을까 많이 고민했어요. 이제 선생님과 함께 우리나라 곳곳에 있는 문화유산을 공부하기로 해요. 하나하나 알아 가다 보면 어린이 친구들도 어느 순간 우리 문화유산 박사가 되어 있을 거예요.

교육부 국사편찬위원회
교육연구사 송미화

| 차 례 |

부록 · 우리 땅 곳곳에 있는 우리 문화유산 지도
머리말 · 4

1장

신문과 뉴스로 보는 우리 문화유산 · 10

문화유산 속에 역사가 숨어 있다! · 12
유네스코 세계 유산이 뭐예요? · 14
왜 유네스코 세계 유산이 되려고 해요? · 18
왜 어떤 건 국보고 어떤 건 보물이에요? · 20
숭례문 화재는 어떤 의미가 있나요? · 22
중국의 야심, 동북공정과 아리랑 · 24
문화재 도굴이 왜 나빠요? · 26
외국 박물관에 우리 문화재가 있대요 · 28
문화재를 볼 수 있는 박물관 · 30
어떻게 하면 쉽게 문화유산을 알 수 있어요? · 32
문화재를 기증하기도 해요? · 34
고고학자가 될까, 역사학자가 될까? · 36
우리 문화유산을 세계에 알려요 · 40

불에 타고 있는 숭례문

2장

교과서 속 문화유산 1 · 42
선사 시대~통일 신라 시대

선사 시대 · 반구대 바위그림 약 4,000년 된 암각화 · 44
고구려 · 광개토 대왕릉비 고대 동북아시아 역사의 열쇠 · 46

고구려 · 고구려 고분 벽화 그림 속에 살아 있는 고구려 이야기 · 48

백제 · 백제 금동 대향로 백제 예술의 꽃 · 52

백제 · 무령왕릉 백제 유물의 보물 창고 · 54

삼국 시대 · 금동 미륵보살 반가 사유상 세계 최고의 조각품 · 58

신라 · 첨성대 우리나라에서 가장 오래된 천문대 · 60

신라 · 천마도 하늘을 나는 신라의 말 그림 · 64

신라, 통일 신라 · 토우와 토용 신라인의 정서가 담긴 흙 인형 · 66

신라, 통일 신라 · 신라의 황금 유물들 찬란한 신라의 금속 세공술 · 68

통일 신라 · 김유신 묘의 십이지 신상 무덤을 지키는 조각 · 72

통일 신라 · 석가탑과 다보탑 신라 불교 예술의 꽃 · 74

통일 신라 · 성덕 대왕 신종 마음을 울리는 종소리 · 78

통일 신라 · 포석정지 비밀이 풀리지 않은 장소 · 82

3장

교과서 속 문화유산 2 · 84
고려 시대~조선 시대

고려 · 고려청자 고려 도공의 혼이 담긴 푸른 빛 · 86

고려 · 부석사 무량수전 착시를 이용한 아름다운 건축물 · 90

고려 · 고려 불화 고려 불교 미술의 걸작 92

조선 · 숭례문과 흥인지문 한양의 성문 · 94

조선 · 경복궁 조선의 대표 궁궐 · 96

조선 · 거북선 조선의 최강 병기 · 100

조선 · 석빙고 조선의 냉장고 · 102

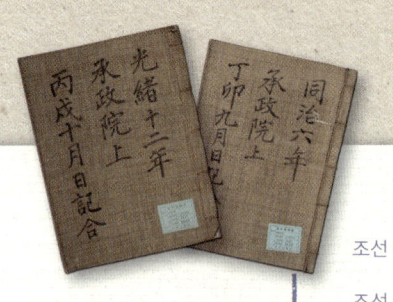

조선 · **조선의 과학 문화재** 조선의 빛나는 과학 기술 · 104

조선 · **대동여지도** 목판에 새긴 정확한 우리나라 지도 · 108

조선 · **풍속화, 민화, 진경 산수화** 조선 회화의 르네상스 · 110

조선 · **하회탈과 하회 별신굿 탈놀이** 백성들의 마음을 풀어 준 놀이 · 114

4장 세계 문화유산

우리나라의 유네스코 세계 유산 1 · 118

선사 시대 · **고창·화순·강화 고인돌 유적** 청동기 시대의 무덤 · 120

신라, 통일 신라 · **경주 역사 유적 지구** 신라 천년의 역사가 숨 쉬는 곳 · 124

통일 신라 · **불국사** 신라가 만든 부처님의 세계 · 126

통일 신라 · **석굴암** 과학과 예술의 만남 · 130

조선 · **해인사 장경판전** 스스로 숨 쉬는 신비한 건물 · 134

조선 · **종묘** 왕과 왕비의 영혼이 깃든 사당 · 136

조선 · **창덕궁** 조선의 왕들이 가장 사랑한 궁궐 · 138

조선 · **수원 화성** 정조의 꿈이 담긴 신도시 · 142

조선 · **조선 왕릉** 조선의 효와 예 사상이 담긴 곳 · 146

조선 · **하회와 양동** 한국의 역사 마을 · 148

세계 자연 유산

제주 화산섬과 용암 동굴 자연의 신비를 간직한 섬 · 150

5장 세계 기록 유산

우리나라의 유네스코 세계 유산 2 · 154

고려 · 직지심체요절 금속 활자로 만든 가장 오래된 책 · 156

고려 · 고려 대장경판 및 제경판 세계에서 가장 오래된 대장경판 · 160

조선 · 훈민정음 세계가 인정한 과학적인 글자이자 해설서 · 162

조선 · 조선왕조실록 조선의 모든 것이 담긴 블랙박스 · 164

조선 · 승정원일기 왕의 비서들이 쓴 일기 · 168

조선 · 조선 왕조 의궤 조선 왕실의 행사 보고서 · 170

조선 · 동의보감 동양 최고의 의학 백과사전 · 172

인류 무형 문화유산

종묘 제례 및 종묘 제례악 죽은 왕들을 위한 의식 · 174

판소리 이야기가 있는 전통 음악 · 176

강릉 단오제 천년을 이어 온 전통 축제 · 178

강강술래 여자들만의 신 나는 놀이 · 180

처용무 귀신을 쫓아내는 춤 · 182

우리나라의 유네스코 세계유산, 이런 것도 있어요 · 184

남한산성, 일성록, 5·18 민주화 운동 기록물, 난중일기, 새마을 운동 기록물, 남사당놀이, 영산재, 제주 칠머리당 영등굿, 가곡, 대목장, 매사냥, 택견, 줄타기, 한산 모시 짜기, 아리랑, 김장 문화, 농악

사진 출처 · 192

찾아보기 · 194

우리나라의 유네스코 세계 유산을 모두 담았어.

신문과 뉴스로 보는
우리 문화유산

"한국의 문화유산을 세계에 알린다!", "불국사, 유네스코 세계 문화유산으로 등재되다." 등과 같이 신문과 뉴스에서 문화유산 소식을 종종 볼 수 있어요. 문화유산은 다음 세대에게 남겨 줄 만큼 문화적인 가치가 있는 것을 말해요. 우리나라에는 선조들이 남긴 훌륭한 문화유산이 많이 있어요.

우리는 이 문화유산을 잘 지켜서 우리 후손들에게 물려주어야 해요. 문화유산은 우리 세대의 것이 아니라 다음 세대, 그 다음 세대의 것이기도 하니까요.

자, 이제 우리의 소중한 문화유산을 만나러 가 볼까요?

1장 신문과 뉴스로 보는 우리 문화유산

문화유산 속에 역사가 숨어 있다!

여러분은 박물관에 갔을 때 문화유산 해설사 선생님이 들려주는 이야기를 들으며 문화유산을 본 적 있나요? 아마 혼자 볼 때보다 훨씬 재미있고, 이해가 잘 됐을 거예요. 왜 그럴까요?

그건 바로 선생님께서 문화유산 속에 담긴 이야기, 즉 그 당시 사람들의 생각이나 생활 모습을 알려 주기 때문이에요. 만약 우리가 집을 짓는다면 현재의 기술과 재료를 사용해 쓰임새에 맞게 지을 거예요. 이 집에는 현재의 문화와 기술 등이 녹아들겠지요. 이렇게 문화유산에는 자연스럽게 그 당시의 문화가 담겨 있어요. 그래서 왜 이렇게 만들었는지, 어떤 용도로 사용했는지, 당시의 기술 수준은 어떠했는지 등을 알면 문화유산을 더 깊이 이해할 수 있어요.

또 문화유산에 담긴 이야기는 '역사 이야기'라고 할 수 있어요. 단순히 멋있는 탑이 아니라 그 탑을 만들게 된 역사적 배경과 사건, 인물들의 모습이 녹아 있기 때문이지요.

앞으로 문화유산을 보기 전에는 꼭 그것에 얽힌 이야기와 정보를 찾아보세요. 그렇게 하고 나서 문화유산을 보면 우리가 역사 속의 인물을 만나고 있는 느낌이 들거나, 문화유산이 우리에게 말을 걸고 있다는 생각이 들 거예요.

게다가 문화유산을 통해 조상들의 지혜를 깨치면, 미래를 훨씬 지혜롭게 준비할 수 있답니다.

> 문화유산은 다음 세대에 남겨 줄 만큼 문화적인 가치가 있는 것을 말해.

유네스코 세계 유산이 뭐예요?

여러분은 '유네스코 세계 유산(UNESCO World Heritage)'이라는 말을 들어 본 적이 있나요?

유네스코는 세계 평화를 위해 교육, 과학, 문화 등의 영역에서 활동하고 있는 국제 연합(UN)에 속한 국제 기구예요.

인류는 오랜 세월 동안 다양한 문명을 거치며 여러 지역에서 각각의 자취와 지혜가 담긴 문화유산을 만들어 냈어요. 또 세계 곳곳에는 아름다운 자연 유산도 많이 있어요. 하지만 이런 유산들이 자연재해나 지나친 개발로 망가지거나 사라지는 일이 흔히 일어나곤 해요.

그래서 유네스코는 이런 귀중한 유산들을 지키기 위해 1972년 총회에서 '세계 문화 및 자연 유산 보호 협약'을 채택했어요. 이 협약에 따라 세계 유산 위원회에서 세계 각국에서 신청한 문화유산과 자연 유산 중 일부를 '유네스코 세계 유산'으로 선정해 보호하고 있답니다. 또 유네스코에서는 가치가 뛰어난 기록물은 '세계 기록 유산'으로, 독창적인 무형 유산은 '인류 무형 문화유산'으로 선정하고 있어요.

그럼 어떤 유산이 유네스코 세계 유산으로 등재되는 걸까요?

무엇보다 누가 보아도 세계가 함께 보호해야 할 만한 가치가 있는 유산이어야겠지요. 그리고 국가가 잘 관리하는 것이어야 해요. 단, 박물관에 있는 조각상과 회화 등이나 동물원과 식물원에 있는 것들은 훼손될 위험이 적기 때문에 세계 유산으로 지정되지 않아요.

세계 유산으로 지정되는 걸 '등재'라고 말해.

유네스코 세계 유산의 종류

유네스코 협약은 세계 유산을 문화유산, 자연 유산, 복합 유산으로 나누고, 별도로 세계 기록 유산, 인류 무형 문화유산으로 구분해요.

세계 문화유산
역사·문화적으로 중요한 가치를 지닌 건축물이나 장소
예) 석굴암과 불국사, 그리스의 아테네 아크로폴리스

세계 자연 유산
지구의 역사와 문화가 잘 나타난 자연, 멸종 위기의 동식물과 그 서식지
예) 제주 화산섬과 용암 동굴, 미국의 그랜드 캐니언 국립 공원

세계 복합 유산
문화유산과 자연 유산의 특징을 복합적으로 가진 유산
예) 중국의 어메이 산과 러산 대불, 페루의 마추픽추

보존 가치가 뛰어난 기록물
예) 조선왕조실록, 《동의보감》, 이집트의 《수에즈 운하 비망록》

독창적인 무형 유산과 소멸 위기에 처한 무형 유산
예) 종묘 제례와 종묘 제례악, 판소리, 중국의 경극, 아르헨티나의 탱고

유네스코 세계 유산

세계 곳곳에는 유네스코 세계 유산이 많이 있어요. 이 유산들은 어떤 가치가 있어서 유네스코 세계 유산으로 등재됐을까요?

세계 문화유산

인도의 타지마할
무굴 제국의 제5대 황제 샤 자한이 사랑하는 아내의 죽음을 추모하기 위해 만든 거대한 대리석 무덤이에요.

창의성이 돋보이는 걸작이군!

대한민국의 조선왕조실록
조선 태조 때부터 철종 때까지 25대 472년 동안의 역사적 사실을 기록한 세계 최대 규모의 역사서예요.

세계 기록 유산

조선의 역사는 물론 조선과 동북아시아의 관계까지 알 수 있는 대단한 역사서야!

인류 무형 문화유산

중국의 경극
노래와 대사, 연기, 무예가 합쳐진 공연 예술이에요. 화려한 의상과 음악, 과장된 얼굴 분장이 특징이지요.

여러 세대를 거쳐 전해진 공연 예술이지!

세계 자연 유산

미국의 그랜드 캐니언 국립 공원
길이 447km, 깊이 1.5km에 달하는 대협곡으로 형형색색의 단층과 절벽이 멋진 경관을 이루고 있어요.

세계 복합 유산

페루의 마추픽추
안데스 산맥의 약 2,400m 높이에 있는 옛 잉카 제국의 도시 유적이에요. 웅장한 자연과 건축물이 절묘하게 어우러져 있어요.

왜 유네스코 세계 유산이 되려고 해요?

어느 나라든지 자기 나라의 유산이 유네스코 세계 유산이 된다면 자랑스럽겠지요?

유네스코 세계 유산 등재는 그 나라 사람들의 자부심과 국가의 위상을 높여 주어요. 따라서 자연스럽게 사람들이 유산을 소중히 생각하고 보존에 신경을 써요. 또 유네스코 세계 유산 등재가 국제 사회에 알려지면 관광객이 늘어나고 그와 관련된 산업들도 발달할 수 있지요.

사실 경제적으로 어려운 나라들은 유산 보존에 신경을 쓰기 힘들어요. 그런데 그런 나라의 유산이 유네스코 세계 유산으로 등재되면 세계 유산 기금과 세계 유산 센터에서 유산 보호에 필요한 비용과 기술을 적극적으로 지원받을 수 있어요. 예를 들어 캄보디아의 앙코르 와트 사원은 관리가 소홀하여 많이 훼손되었는데 프랑스, 독일, 일본, 우리나라 등이 복원에 참여해 많은 지원을 하고 있어요.

반면 우리나라와 선진국들은 자기 나라의 유산이 세계 유산으로 등재되어도, 유산 보존을 위한 경제적인 지원을 받는 경우는 거의 없어요. 오히려 선진국들은 유네스코 신탁 기금을 마련해 잘 살지 못하는 나라의 유산을 보전하는 일을 돕고 있어요.

또 유네스코는 자연재해나 군사 활동 등으로 파손될 위험이 높은 유산을 '위험에 처한 세계 유산'으로 따로 지정해 특별히 관리하고 있어요.

유네스코 세계 유산 위원회 인터뷰

오늘은 유네스코 세계 유산 선정 위원을 모시고 궁금한 점을 알아보겠습니다.

왜 어떤 건 국보고 어떤 건 보물이에요?

박물관에 가 보면 어떤 것은 '국보 ○○호', 어떤 것은 '보물 ○○호'라고 쓰여 있어요. 왜 이렇게 다르게 정했을까요?

역사적으로 중요하거나 예술적인 가치가 큰 문화재는 나라에서 따로 관리하고 보호해요. 그중에 특별히 뛰어난 것들이 국보로 지정되지요. 만들어진 지 오래되고 한 시대를 대표하는 작품이거나 제작 기술이 뛰어난 것, 유물의 모양이나 쓰임이 특이한 것을 국보로 정한답니다.

하지만 국보만큼의 가치가 있어도 국보로 지정되지 않기도 해요. 문화재가 희귀하지 않거나 보존하기 쉬운 경우이지요. 예를 들어 선사 시대에 쓰던 토기 종류는 아주 오래전에 만들어진 문화재지만 국가에서 대부분 문화재로 지정하지 않아요. 왜냐하면 신석기 시대나 청동기 시대의 유적에서 흔히 발굴되어 희귀하지 않기 때문이에요.

또 국보 1호, 국보 2호 같은 번호는 문화재의 가치를 따져서 매긴 순서가 아니라 국보로 지정된 순서랍니다.

국가에서는 국보나 보물 같은 유물, 유적 외에도 많은 문화유산들을 문화재로 지정해 관리하고 있어요. 예술적이고 역사적인 가치가 있는 연극, 무용, 음악 등은 중요 무형 문화재로, 드물고 희귀한 동물과 식물, 지형 등의 자연물은 천연기념물로 지정해 보호하고 있어요.

문화유산 중에서 귀하거나 훼손 가능성이 높은 것들을 문화재로 지정해요.

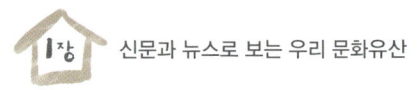

숭례문 화재는 어떤 의미가 있나요?

2008년 2월 10일 밤, 뉴스를 보던 사람들은 깜짝 놀랐어요. 우리나라 국보 1호 숭례문이 불에 타 버리는 아주 엄청난 사건이 발생한 거예요. 숭례문이 불타 버렸다는 소식에 국민들의 마음도 까맣게 타 버렸지요. 숭례문이 불탄 것은 우리의 문화적 상징이자 자존심이 타 버린 것이에요. 그래서 많은 사람들이 숭례문 앞에 국화꽃을 놓으며 슬퍼했어요.

소중한 문화유산을 제대로 지키지 못하면 후손들에게 물려줄 문화유산이 없어지지요. 이런 의미로 숭례문 훼손을 막지 못한 우리는 후손들에게 큰 죄를 지은 것이에요. 또 자기 나라의 문화유산도 잘 관리하지 못하는 나라라는 좋지 않은 이미지가 생기기 때문에 국제적으로 나라의 위상도 깎이고, 국익에도 손실이 생길 수 있어요.

숭례문의 원형을 복원하려면 3~4년의 시간이 걸리고 무려 200억 원의 비용이 든다고 해요. 무엇보다 안타까운 일은 숭례문의 주요 부분들이 불에 타서 원형 그대로 복원하지 못한다는 것이에요. 그나마 다행인 것은 2006년에 조사해 놓은 숭례문 관련 자료가 있어서 거의 비슷하게 복원할 수 있다는 것이지요. 이번 일을 계기로 문화유산 원형을 기록하고 설계 도면 등을 잘 만들어 보관하는 것이 중요하다는 인식이 생겼어요.

무엇보다도 한번 훼손되거나 사라진 문화유산은 복원하기가 정말 어렵기 때문에 잘 보호하고 보존하는 태도가 가장 필요하답니다.

우리나라의 국보 1호는 숭례문, 보물 1호는 흥인지문이야.

신문과 뉴스 속 문화유산

국보급 문화재들, 방화에 수난

2008년 2월 10일 저녁 8시 40분쯤, 60대 남자가 숭례문에 불을 질렀다. 불은 계속 번져 화재가 발생한 지 5시간 만에 숭례문은 석축을 뺀 거의 대부분이 소실되었다. 우리나라 국보 1호의 90%가 불타서 무너진 것이다. 그런데 더욱 놀라운 것은 이런 문화재 파손 사례가 적지 않다는 사실이다. 2005년 4월에는 강원도 양양에서 일어난 큰 산불로 낙산사가 많은 피해를 입고 보물 479호인 낙산사 동종이 완전히 녹아 버렸다.

2006년 4월 26일에는 서울 창경궁 문정전에 60대 남자가 불을 질러 문정전 왼쪽 문이 타고 천장이 그을리는 피해가 생겼다. 불길을 초기에 잡지 못했다면 20여m 떨어진 곳에 있는 국보 226호 명정전 등 국보급 문화재들이 한꺼번에 사라질 뻔했다. 같은 해 5월 1일에는 20대 남자가 유네스코 세계 문화유산인 수원 화성의 서장대에 불을 질러 누각 2층이 모두 탔다.

숭례문에 불을 지른 범인이 숭례문을 선택한 이유는, 밤에는 숭례문의 경비가 허술했기 때문이라고 한다. 이러한 일이 계속 되풀이되지 않도록 문화재마다 CCTV, 적외선 감지기, 화재 감지기 등의 방재 시설을 갖추고 문화재 보존을 철저히 해야 한다. 또한 우리 모두 소중한 문화재를 절대 훼손해서는 안 된다는 인식을 가져야 할 것이다.

불에 타고 있는 숭례문

화재로 무너진 숭례문

중국의 야심, 동북공정과 아리랑

아리랑 아리랑 아라리요.
아리랑 고개를 넘어간다.
나를 버리고 가시는 님은
십 리도 못 가서
발병난다.

'아리랑'은 아득한 옛날부터 전해 내려오는, 우리 민족의 정서가 가득 담긴 대표적인 노래예요.

그런데 중국이 아리랑을 중국 내 소수 민족인 조선족의 문화라고 하며 국가급 무형 문화유산으로 등록했어요. 더 나아가 유네스코 인류 무형 문화유산으로 등재하려고 했어요. 또 중국은 우리의 판소리, 회혼례, 씨름, 농악무 등도 중국의 국가급 무형 문화유산으로 지정했어요. 이렇게 중국이 우리의 문화유산을 자기 나라의 것으로 지정하는 일은 동북공정의 하나예요.

중국은 2002년부터 부여, 고구려, 발해 등 우리의 고대사를 중국사로 넣으려고 여러 가지 일들을 하고 있어요. 이것을 '동북공정'이라고 해요. 중국은 이제 우리의 문화유산까지 넘보고 있는 것이지요.

중국의 행동에 놀란 우리는 아리랑이 여러 세대를 거쳐 이어지고, 다양한 형태의 아리랑으로 재창조된 우리의 문화유산이라는 것을 세계에 인식시키려 노력했어요. 이런 노력으로 2012년 12월 프랑스 파리에서 열린 제7차 유네스코 무형 유산 위원회에서 아리랑이 우리나라의 유네스코 인류 무형 문화유산으로 등재될 수 있었어요.

우리가 미처 그 가치를 깨닫지 못해 우리의 문화유산이 다른 나라의 것이 되는 일이 없도록 이제 우리 문화유산에 많은 관심을 가져요.

신문과 뉴스 속 문화유산

만리장성이 아니라 사만리장성?

2012년 6월 중국은 만리장성의 길이가 2만km가 넘는다는 조사 결과를 발표했다. 만리장성의 길이는 2000년대 중반까지만 해도 6,000km를 조금 넘었다. 그러나 중국은 대대적으로 고구려와 발해가 쌓은 성을 만리장성에 포함시켜 그 길이를 원래보다 4배 가까이 늘린 것이다. 중국에서는 1리가 약 500m라고 하니, 만리장성이 사만리장성이 된 셈이다. 이는 동북공정의 또 다른 시작으로 보인다. 중국은 우리의 고대사를 중국의 역사로 만들고, 관련된 영토들도 당연히 중국의 것으로 주장하고 있다. 이것은 훗날 남북한이 통일됐을 때, 중국과 접하는 영토에서 생길 수 있는 분쟁에 대비하려는 의도이기도 하다. 따라서 우리는 중국의 동북공정에 대응해 우리의 역사를 지키려는 노력을 꾸준히 기울여야 한다.

만리장성

신문과 뉴스로 보는 우리 문화유산

문화재 도굴이 왜 나빠요?

뉴스에서 문화재를 도굴하거나 도굴한 것을 팔다가 처벌받는 경우를 보았을 거예요. 우리의 전통문화와 문화유산을 잘 보존하여 후세에 물려주는 것은 우리 모두의 의무예요. 우리 민족이 오랜 시간 노력을 기울여 만든 문화유산은 국민이 함께 누려야 할 중요한 자산이니까요.

그런데 돈이 되면 문화재라도 상관하지 않는 사람들이 있어서, 도난이나 도굴 같은 범죄와 밀거래가 일어나기도 해요. 문화재 도난과 도굴은 역사 훼손과 도둑질일 뿐만 아니라 여러 사람들이 문화재를 누리지 못하게 한다는 점에서 아주 나쁜 범죄예요. 이를 막기 위해서는 첨단 장치를 설치하고 문화재 목록을 자료화하는 등 체계적인 관리가 필요해요. 또 문화재를 훔치거나 도굴한 문화재를 사고팔지 못하게 해야겠지요.

신문과 뉴스 속 문화유산

문화재 도난 사건, 이런 일도?

1967년 10월 24일 덕수궁 미술관 2층 전시실에 있던 '연가 7년명 금동 여래 입상'이 감쪽같이 사라졌다. 이 불상은 국보 119호로, 만든 지 약 1,500년 된 고구려 불상이다. 불상이 사라진 자리에는 그날 밤 12시까지 불상을 돌려주겠다는 쪽지만 남아 있었다. 경찰은 쪽지 외에는 다른 어떤 단서도 찾을 수 없었다. 그날 밤 11시가 되자 문화재 관리국장의 집에 전화가 왔다. "한강 철교 다리 아래 16번과 17번째 받침대 사이에 불상이 있으니 찾아가시오." 경찰이 한강 철교로 달려갔더니 정말 그곳에 불상이 있었다. 불상을 되찾기는 했지만 범인은 지금까지도 잡히지 않고 있다. 범인은 왜 불상을 훔친 후에 다시 돌려준 걸까?

연가 7년명 금동 여래 입상

외국 박물관에 우리 문화재가 있대요

외국 박물관에서 우리 문화재를 만나면 반갑고 자랑스러워요. 하지만 이 문화재가 우리가 지키지 못해 다른 나라에 있는 것이라면 창피한 일이겠지요?

조선 시대 말기와 일제 강점기에는 우리가 힘센 나라들의 정치적 간섭을 많이 받아서 문화재들을 강제로 많이 빼앗겼어요.

14만 여 점이나 되는 우리 문화재들이 일본, 미국, 영국, 프랑스, 중국 등 20여 개 나라의 박물관과 개인에게 소장되어 있어요.

우리 문화재가 가장 많이 있는 나라는 일본이에요. 그 수가 6만 5,000점이 넘고 일본의 국보로 지정된 것도 1,000점이 넘어요. 안견의 〈몽유도원도〉, 고려 불화인 〈수월관음도〉 등이 있어요. 미국에는 3만 7,000여 점의 문화재들이 있고 그중 국보급에 해당하는 것이 '금동 약사여래 입상' 등이에요. 유럽에는 세계에서 가장 오래된 금속 활자 인쇄물인 《직지심체요절》과 신라의 승려 혜초의 《왕오천축국전》 등이 있어요.

〈**몽유도원도**〉 안평 대군의 꿈 이야기를 듣고 안견이 그렸다고 하며, 조선 초기 회화의 최고작으로 꼽혀요. 현재 일본에 있어요.

이러한 문화재들은 우리의 민족혼이 배어 있는 소중한 것들이에요. 따라서 민족의 자존심이 담긴 우리의 소중한 문화유산을 되찾는 것은 우리가 마땅히 해야 할 일이지요.

신문과 뉴스 속 문화유산

약탈당한 우리 문화재를 되찾자!

약탈하거나 법을 어기고 몰래 외국으로 가져간 문화재를 돌려받기 위해 '해외 유출 문화재 환수 범정부 협의체'와 '우리 문화재 찾기 운동 본부'가 만들어졌다. 이들 기관에서는 많은 외교적 노력을 기울여 우리 문화재의 반환을 요청하고 있다. 강화도 외규장각에 보관하고 있던 조선 왕조 의궤는 프랑스가 조선에 쳐들어온 병인양요 때 프랑스군에 약탈당했다. 이 조선 왕조 의궤는 그동안 파리 국립 도서관에 있었는데, 우리의 지속적인 노력으로 약탈당한 지 145년 만인 2011년에 돌아왔다. 또 일본으로 빼앗겼던 조선 왕조 의궤의 일부도 90년 만인 2011년에 반환받았다. 하지만 아직도 많은 문화재들이 우리나라로 돌아오지 못하고 있다. 불법적인 과정으로 다른 나라로 간 문화재는 찾아오고, 합법적으로 나간 것은 지금 있는 곳에서 한국 문화를 알리는 데 활용되도록 도와야 한다. 유네스코도 문화재는 원래 있었던 곳으로 반환되어야 한다는 원칙을 발표하고, 반환 노력에 힘을 보태고 있다.

해외에 있는 우리 문화재: 14만 여 점

- 영국 3,000여 점
- 독일 1만 여 점
- 러시아 4,000여 점
- 프랑스 2,000여 점
- 중국 7,000여 점
- 일본 6만 5,000여 점
- 미국 3만 7,000여 점
- 그 외 13개국: 8,000여 점

*자료: 국립문화재연구소(2011년)

일본에서 반환받은 《명성 황후 국장도감 의궤》
명성 황후의 장례 과정을 기록한 의궤 중 상여 행렬 모습이 담긴 *반차도

*반차도는 나라의 의식을 치르는 차례와 행사 장면을 그린 그림이에요.

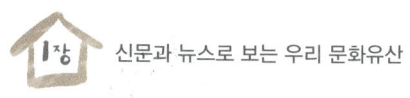
1장 신문과 뉴스로 보는 우리 문화유산

문화재를 볼 수 있는 박물관

여러분은 역사 공부를 하러 어디로 가나요? 선생님은 여러분에게 자연스럽게 역사 공부가 되는 박물관을 추천해 주고 싶어요.

그럼 우리 주변에 있는 박물관을 살펴볼까요?

먼저 박물관은 전시하는 주제에 따라 종합 박물관과 전문 박물관으로 나눠요. 국립중앙박물관이나 부여박물관, 공주박물관, 경주박물관같이 다양한 문화재를 종합적으로 전시하는 곳이 종합 박물관이에요. 전문 박물관은 김치 박물관, 철도 박물관 등과 같이 특정한 주제에 관한 문화재를 전시하지요. 박물관들 중에는 어린이들을 위한 어린이 전시실을 두거나 체험 학습 프로그램을 하는 곳도 많아요.

또 박물관은 누가 운영하느냐에 따라 나누기도 해요. 국가나 지방 자치 단체가 운영하는 것은 국립 박물관 또는 공립 박물관이라고 하고, 개인이나 회사가 운영하는 것은 개인 박물관 또는 법인 박물관이라고 해요. 그리고 각 대학에서 운영하는 대학 박물관도 있답니다.

요즈음 대부분의 박물관은 박물관 홈페이지에 사이버 박물관을 운영하고 있어서 인터넷을 통해서도 박물관에 전시된 문화재들을 관람할 수 있어요. 또 미술관에서도 그림, 도자기 등의 문화재를 볼 수 있지요.

주변에 있는 박물관과 미술관에 가서 문화재를 만나 보세요. 그리고 한 발 더 나아가서 관심 있는 문화재가 있는 곳을 찾아가 보세요.

어린이에게 추천할 만한 곳

지역	박물관
서울특별시	간송미술관, 국립고궁박물관, 국립국악박물관, 국립민속박물관, 국립중앙박물관, 농업박물관, 삼성미술관 리움, 서대문형무소역사관, 서울역사박물관, 세종대왕기념관, 암사동선사주거지전시관, 전쟁기념관, 한국은행 화폐박물관, 한성백제박물관, 허준박물관 등
경기도·인천광역시	강화역사박물관, 검단선사박물관, 경기도박물관, 세중박물관, 실학박물관, 인천시립박물관, 전곡선사박물관, 지도박물관, 철도박물관, 토지주택박물관, 한국등잔박물관, 한국민속촌박물관, 호암미술관 등
강원도	국립춘천박물관, 오산리선사유적박물관, 오죽헌시립박물관, 양구선사박물관, 조선민화박물관 등
충청도	국립공주박물관, 국립부여박물관, 독립기념관, 석장리박물관, 온양민속박물관, 청주고인쇄박물관 등
전라도·광주광역시	강진청자박물관, 고창고인돌박물관, 광주시립민속박물관, 고창판소리박물관, 국립광주박물관, 국립전주박물관, 국립해양유물전시관 등
경상도·대구광역시·부산광역시	거제박물관, 거창박물관, 국립경주박물관, 국립김해박물관, 국립대구박물관, 대가야박물관, 대구근대역사관, 독도박물관, 동삼동패총전시관, 부산근대역사관, 부산박물관, 신라역사과학관, 진주청동기문화박물관, 하회동탈박물관 등
제주도	국립제주박물관, 제주민속박물관, 제주특별자치도 민속자연사박물관 등

어린이가 갈 만한 박물관이 더 많아졌으면 좋겠어.

너 오랜만에 옳은 말 한다.

박물관

신문과 뉴스로 보는 우리 문화유산

어떻게 하면 쉽게 문화유산을 알 수 있어요?

　박물관이나 유적지가 재미없다고요? 그럼 재미있게 문화유산을 보고 배울 수 있는 방법에는 무엇이 있을까요?

　먼저 체험 활동을 해 보세요. 박물관에는 체험 활동을 할 수 있는 다양한 교육 프로그램이 있어요. 토기 만들기, 탁본 뜨기, 민화 그리기 등을 직접 해 보고 나서 문화유산을 본다면 쉽게 문화유산에 담긴 가치, 의미 등을 알 수 있을 거예요.

　문화유산 해설사 선생님의 이야기를 들으며 문화유산을 볼 수도 있어요. 문화유산에 얽힌 재미있는 이야기를 들으면 이해하기가 훨씬 쉽답니다. 선생님이 없으면 문화유산 해설을 해 주는 오디오 장치를 사용하면 돼요.

　또 요즈음은 전시관에 스마트폰으로 읽을 수 있는 QR 코드가 붙어 있어요. 이 코드를 활용하면 더 자세한 문화유산 정보를 알 수 있지요. 박물관에 설치된 컴퓨터의 화면을 눌러서 정보를 얻을 수도 있고요. 이렇게 첨단 기계를 잘 활용하면 문화유산을 재미있게 볼 수 있어요.

　추천해 주고 싶은 방법이 하나 더 있어요. 박물관과 유적지에 가서 노트에 무조건 쓰지만 말고, 궁금증을 가지고 문화유산을 한참 동안 들여다보세요. 처음엔 모르겠지만 자꾸 보다 보면 뭔가가 느껴지고, 생각이 줄줄이 이어지게 될 거예요. 그러면 문화유산이 품고 있는 이야기가 더 궁금해지고 문화유산을 보는 게 훨씬 즐거워진답니다.

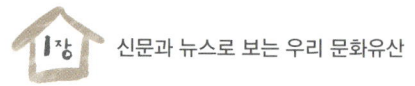

문화재를 기증하기도 해요?

박물관에 있는 문화재 중에는 여러 사람이 문화재를 보고 즐길 수 있도록 기증받은 것이 있어요. 또 소중한 문화재를 잘 보존하려고 박물관이나 미술관을 만든 사람도 있지요.

먼저 간송 전형필 선생님은 평생 동안 외국으로 팔려 나가는 우리 문화재를 사서 보존하는 데 힘을 기울였어요. 선생님은 다시 찾아온 문화재들로 간송미술관을 만들어 많은 사람들이 함께 볼 수 있도록 했어요. 유명한 청자 상감 운학무늬 매병도 선생님이 일본인에게 산 것이에요.

국은 이양선 선생님은 고고학적인 가치가 있는 문화재를 수집해 국립경주박물관에 기증했어요. 국립경주박물관은 이 유물들로 '국은기념실'을 만들었지요. 그중에는 도기 기마 인물형 뿔잔, 모자 곱은옥 등 고대사 연구에 중요한 자료가 되는 것이 많아요.

지금까지 국보 및 보물급 문화재를 가장 많이 기증한 분은 송성문 선생님이에요. 1970년대에 수많은 고서적이 재생 종이가 되거나 벽지로 쓰였대요. 선생님은 그 사실이 마음 아파 고서적을 수집해 두었다가 훗날 국립중앙박물관에 기증했어요.

삼성 그룹의 이병철 전 회장님은 다양한 분야의 문화재를 수집하여, 삼성문화재단을 세웠어요. 이 문화재들은 호암미술관과 삼성미술관 리움에 전시되어 있어요.

손기정 선생님은 1936년 베를린 올림픽 마라톤 경기에서 우승하고 받은 고대 그리스 투구를 우리 민족의 것이라며 국립중앙박물관에 기증했어요. 이렇게 많은 분들 덕분에 우리가 소중한 문화재를 박물관에서 함께 보고 즐길 수 있는 것이지요. 이 분들의 뜻을 잘 살려 문화재를 더 아껴야겠어요.

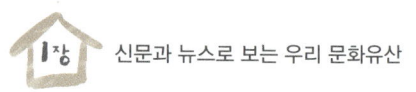 신문과 뉴스로 보는 우리 문화유산

고고학자가 될까, 역사학자가 될까?

박물관에는 의사도 아니면서 하얀 가운을 입고 문화재를 환자 돌보듯 정성껏 고치는 사람들이 있어요. 또 문화재를 발굴하는 사람, 연구하는 사람도 있지요. 이렇게 문화재와 관련된 직업은 뭐가 있을까요?

고고학자, 역사학자, 큐레이터(학예 연구사), 문화재 복원가, 문화유산 해설사 등이 있어요.

고고학자

고고학자는 대학에서 고고학, 고고미술사학, 문화인류학 등을 공부하고, 유적이나 유물을 조사·발굴하고 연구하는 일을 해요. 주로 박물관이나 대학에서 일을 하지요.

고고학자는 유적이나 유물의 최초 발견자나 유물의 가치를 인정한 전문가로 이름을 남길 수 있어요. 하지만 몇 개월에 걸쳐 야외에서 발굴을 하고, 땅을 파거나 깨진 유물을 복원하는 등 체력적으로 힘든 경우가 많지요.

고고학자가 되고 싶으면 평소에 역사 다큐멘터리를 보거나 유물 발굴과 관련된 책을 읽으면 많은 도움이 된답니다.

역사학자

역사학자는 과거의 사람들이 남긴 문자 자료, 유적, 유물을 연구해 옛 사람들의 삶과 사회 모습을 알아내요. 역사학자는 주로 대학과 역사 연구소 등에서 일해요.

역사학자는 연구한 결과를 논문이나 보고서로 만들어 세상에 알려요. 연구 결과는 우리가 배우는 교과서에 실리기도 한답니다.

역사학자가 되려면 한국사는 물론이고 동양사, 서양사도 관심을 가지고 공부해야 하고 책도 많이 읽어야 해요. 역사 자료를 잘 읽기 위해서는 한자나 영어 등의 어학 실력도 갖추어야 하지요. 또 대학에서 사학과, 국사학과, 서양사학과, 동양사학과 등을 졸업하고 박사 학위가 있어야 해요.

큐레이터

큐레이터는 주로 박물관이나 미술관 등에서 자료 수집과 연구, 보존, 전시, 작품 설명, 안내 등의 일을 해요. 큐레이터는 박물관을 움직이는 가장 중요한 사람이라고 할 수 있어요. 학예 연구사라고 부르기도 해요. 큐레이터는 관리자(conservateur)에서 유래한 말인데 자료의 관리자, 즉 박물관 자료에 대해 최종적인 책임을 지는 사람을 뜻해요.

큐레이터는 연구 담당, 교육 및 홍보 담당, 전시 담당 등으로 구분하지요. 큐레이터가 되려면 대학에서 고고학, 미술사학, 역사학 등의 학과를 졸업하고, 박물관 등의 기관에서 요구하는 일정한 자격을 갖추어야 해요.

문화재 복원가

문화재 복원가는 손상된 문화재를 보존하고 수리해 최적의 상태로 유지시키는 일을 해요. 문화재 보존 전문가라고도 불러요. 문화재 복원가는 박물관, 문화재 연구소, 문화재 수리 업체, 보존 과학 업체 등에서 일해요.

궁궐, 사찰, 미술관, 박물관의 문화재와 예술품의 파손된 부위를 복원하고 관리하는 기술적인 업무뿐 아니라 수리 작업을 지도하고 감독하는 일을 해요.

문화재 복원가가 되려면 금속 유물, 목칠 공예품, 회화, 도자기 등 문화재의 종류에 맞는 학과나 문화재보존학과, 박물관학과, 미술사학과, 건축과, 화학과 등을 졸업하고 전문적인 교육을 받아야 해요.

문화유산 해설사

문화유산 해설사는 박물관 등에서 문화유산에 대한 해설을 해 주는 사람을 말해요. 문화유산 해설사는 역사·문화·예술·자연 등 여러 분야에 대한 해설을 해야 하기 때문에 문화재에 대한 전문적인 지식을 지니고 있어야 해요. 관련 공공 기관에서 정한 교육을 받은 사람을 지방 자치 단체에서 문화유산 해설사로 선발해요. 또 박물관이나 미술관 등에서 작품을 설명해 주는 사람을 '도슨트'라고 해요. 도슨트는 안내하는 사람이란 뜻으로 미술이나 문화재를 좋아해서 지식을 갖추고 자원봉사를 하는 사람들을 말해요.

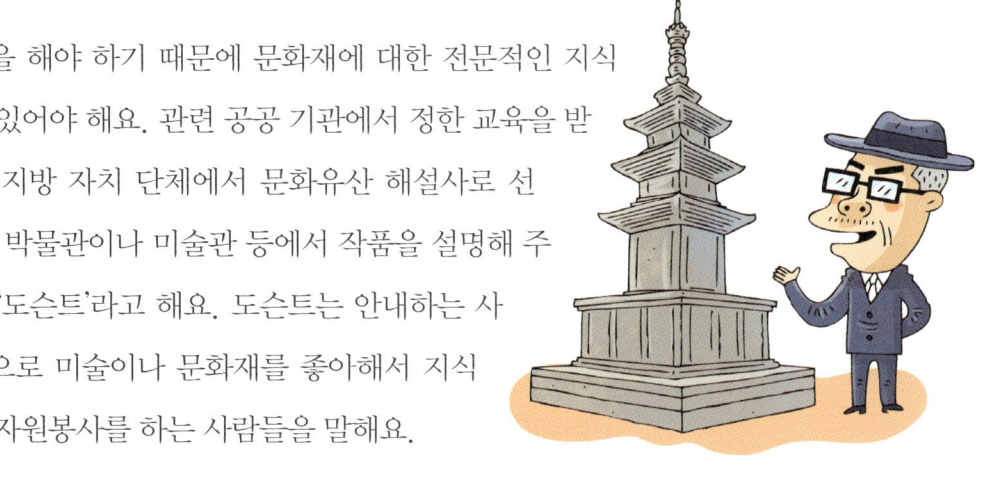

신문과 뉴스 속 문화유산

고고학자, 문화재 복원가가 되어 보자!

어린이들이 고고학자, 문화재 복원가가 되어 볼 수 있는 체험 학습장이 곳곳에 생기고 있다. 유물 발굴 체험 학습장은 유물 발굴 장소를 재현해 놓아 어린이들이 고고학자처럼 직접 발굴해 볼 수 있다. 더 나아가 고고학자들과 유물 발굴 체험을 함께 하면서 역사 공부까지 하는 프로그램도 운영되고 있다. 또 어린이들은 발굴된 도자기 파편이나 기와를 이어 붙여 원래의 모습으로 되살리는 프로그램으로 문화재 복원가가 되어 볼 수 있다. 훼손된 옛날 그림과 글씨를 복원하는 고서화 복원 체험도 있다. 이런 체험은 학예 연구사의 전문적인 설명을 들으며 진행되기 때문에 재미뿐만 아니라 전문 지식까지 얻을 수 있어 유익하다.

어린이들이 유물 발굴 체험을 하는 모습

우리 문화유산을 세계에 알려요

김연아 선수는 2011 국제 빙상 경기 연맹(ISU) 세계 피겨 스케이팅 선수권 대회에서 '아리랑'을 경기에 사용해 큰 호응을 얻었어요. 세계인들은 경기 중에 흘러나오는 아리랑을 듣고 호기심을 보였지요. 피겨 스케이트 경기가 아리랑의 아름다움과 우리의 민족 정서를 알리는 좋은 기회가 된 것이에요. 이렇게 우리 문화유산을 세계에 알리는 방법에는 어떤 것이 있을까요?

먼저 우리 문화유산을 여러 나라의 박물관에 전시하는 방법이 있어요. 또 우리 문화유산을 알리는 홍보 책자나 포스터를 만들어 나누어 주고, 외국인들이 할 수 있는 문화 체험 프로그램을 많이 만드는 것도 좋겠지요. 우리의 문화유산을 소재로 컴퓨터 게임, 드라마, 영화, 뮤지컬 같은 문화 콘텐츠를 개발해 널리 알릴 수도 있어요.

우리들도 우리 문화유산 알리기에 커다란 역할을 할 수 있어요. 요즘은 외국으로 여행이나 유학을 가는 사람도 많고, 우리나라에 오는 외국인 관광객도 많아요. 인터넷으로 외국인과 쉽게 이야기를 할 수도 있지요. 우리들이 직접 외국 친구들에게 우리 문화유산을 알린다면, 외국 친구들이 한국에 대해 좋은 이미지가 생기고 한국 문화에 관심을 가질 수 있어요. 바로 우리가 민간 외교관이 되는 거예요. 그런데 그보다 먼저 우리가 우리 문화유산에 대해 공부해서 자신감을 가져야겠지요?

신문과 뉴스 속 문화유산

"포미다블!" 우리의 문화유산, 유럽을 물들이다

2008년 10월 9일 벨기에 브뤼셀에서 열린 '한국 문화 페스티벌' 개막식에서는 유럽인들이 환상적이라는 뜻의 프랑스 어, '포미다블'을 연발했다.

이번 전시회에는 금동 미륵보살 반가 사유상 등 국보 4점과 보물 8점, 불교 유물이 다수 전시됐다. 전시장

신라 금령총 금관(보물 338호)을 보는 유럽인들

은 많은 사람들이 찾아와 빈자리를 찾아볼 수 없을 정도였다. 한국 문화 페스티벌은 단순히 문화재를 전시하는 데 그치지 않고, 다양한 한국 문화 이벤트들을 같이 열었다는 데 의미가 크다. 백남준의 비디오 아트 전시를 비롯하여 현대 한국 사진 작가와 도자기 작가의 작품 전시, 태고종 영산재 공연, 굿 공연, 종묘 제례악 공연 등이 함께 열렸다. 개막식 연회에는 김치, 불고기, 부침개 등 한국 전통 음식이 마련돼 유럽인들에게 큰 인기를 얻기도 했다.

2장

선사 시대
~
통일 신라 시대

교과서 속 문화유산 1

우리 땅에는 아주 먼 선사 시대부터 사람들이 산 흔적이 남아 있어요.
또 초기 국가에서 고대 국가로 발전한 고구려, 백제, 신라 등은 기술과
문화를 뽐내는 문화유산들을 많이 만들었어요.
고구려의 역동적이고 진취적인 문화, 백제의 세련되고 우아한 문화,
신라의 화려하고 귀족적인 문화는 각자의 문화유산에 잘 드러나 있어요.
이 장에서는 교과서에 나오는 선사 시대부터 통일 신라 시대까지의
문화유산을 소개할게요.
어떤 문화유산이 우리를 기다리고 있을지 기대되지 않나요?

2장 교과서 속 문화유산 1 | 선사 시대 국보 285호

반구대 바위그림 약 4,000년 된 암각화

혹시 바위나 절벽에 새겨진 그림을 본 적 있나요?

바위에 새겨 놓은 그림을 바위그림, 또는 한자어로 암각화(巖 바위 암, 刻 새길 각, 畵 그림 화)라고 해요. 그럼 사람들은 왜 바위 위에다가 글씨나 그림을 새긴 걸까요?

울산광역시 울주군에는 '반구대'라고 불리는 바위가 있어요. 이 바위에는 선사 시대 사람들이 남긴 그림이 새겨져 있어요.

반구대 바위그림에는 고래·물개·바다거북 같은 바다 동물과 호랑이·멧돼지 등의 육지 동물, 그물·작살 등의 도구, 배를 타고 있는 사람, 동그라미가 여러 겹 있는 동심원 등 200여 점의 그림이 그려져 있어요.

고래잡이나 사슴을 사냥하는 모습은 당시 사람들이 고기잡이나 사냥으로 먹거리를 구했다는 것을 알려 줘요. 화살을 맞은 동물, 그물에 갇힌 짐승 등은 먹을 것이 많이 잡혀 풍요로운 생활을 바라는 마음, 아이를 많이 낳아 노동력이 풍부해지길 바라는 마음을 표현한 것이에요.

또 동심원과 나선형은 태양을 상징하는 것으로 보여 당시 사람들이 태양을 숭배했을 것으로 추측하고 있어요.

지금은 그림에 예술성을 표현하지만 선사 시대에는 그림에 인간의 바람과 신앙을 결합하여 표현했다는 것을 알 수 있지요.

반구대 바위그림은 선사 시대의 중요한 문화유산이에요. 그런데 근처에 댐이 생기면서 바위그림이 물에 잠겨, 바위에 부딪히는 물에 그림이

깎여 나갈 위험에 처해 있어요. 게다가 사람들이 바위에 낙서를 하기도 한대요. 우리 모두 소중한 문화유산을 아끼는 마음을 가져야겠어요.

반구대 바위그림

> CCTV를 설치해서 암각화를 24시간 지킬 거야.

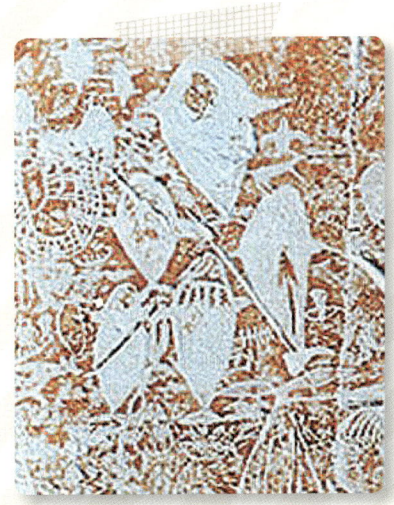

반구대 바위그림의 상세 모습
화살에 맞은 고래를 비롯하여 다양한 고래들이 보여요.

반구대 바위그림의 상세 모습
사슴, 멧돼지, 호랑이 등 육지 동물이 보여요.

2장 교과서 속 문화유산 1 | 고구려
고대 고구려 왕국의 수도와 묘지 · 유네스코 세계 문화유산(중국)

광개토 대왕릉비
고대 동북아시아 역사의 열쇠

광개토 대왕은 우리 역사에서 가장 크게 영토를 넓힌 왕이에요. 땅따먹기왕이라는 별명이 있을 정도이지요. 광개토 대왕은 거란, 선비, 후연 등을 물리치고 만주 지역까지 고구려 땅을 넓혔어요.

광개토 대왕릉비는 광개토 대왕이 죽은 뒤에 아들 장수왕이 아버지의 업적을 기리기 위해 세운 비석이에요. 현재 중국 지안시 지안 평야에 있어요.

광개토 대왕릉비는 2층 건물 높이인 6.39m로 네 면에 1,775자의 글자가 새겨져 있답니다. 광개토 대왕의 업적과 동명 성왕, 유리왕, 대무신왕 등 고구려 왕들의 이야기가 자세히 쓰여 있어요. 또 비석의 글은 광개토 대왕 당시인 4세기 말부터 5세기 초의 고구려, 백제, 신라의 외교 관계는 물론 중국, 일본과의 관계도 잘

광개토 대왕릉비의 모형

나타내고 있어서 비석의 가치를 더하고 있어요.

  광개토 대왕릉비는 오랫동안 버려져 있다가 18세기 후반, 만주 지역을 염탐하던 일본 군인에게 발견되어 세상에 알려졌어요. 발견됐을 때 광개토 대왕릉비는 글자의 일부가 많이 훼손된 상태였어요. 일본은 광개토 대왕이 신라와 백제 영토에서 왜구를 물리쳤다는 비석의 내용 등을 근거로 4세기 말에 일본이 신라와 백제를 지배했다고 주장하고 있어요. 하지만 그 당시 일본은 신라나 백제보다 정치적·문화적으로 뒤처져 있어서 일본의 주장은 설득력이 없어요.

  게다가 중국은 동북공정으로 고구려 역사를 중국의 역사라고 주장하고 있어요. 비록 우리가 만주 지역은 잃었지만 고구려 역사까지 잃어버리는 것은 가슴 아픈 일이에요. 우리가 우리의 역사를 지키는 노력을 더 기울여야겠어요.

광개토 대왕릉비의 *탁본

*탁본은 비석, 기와 등에 종이를 대고 먹물을 이용해 문자나 무늬를 종이에 그대로 떠내는 것이에요. 탁본을 뜨면 비석, 기와 등의 문자나 무늬를 잘 볼 수 있어요.

2장 교과서 속 문화유산 1 | 고구려
고구려 고분군·유네스코 세계 문화유산(북한)
고대 고구려 왕국의 수도와 묘지·유네스코 세계 문화유산(중국)

고구려 고분 벽화
그림 속에 살아 있는 고구려 이야기

고구려 사람들은 죽은 사람들이 사는 세계가 있다고 생각했어요. 그래서 죽은 사람이 살아 있을 때처럼 풍족한 생활을 누리기 바라는 마음에서 무덤에 벽화를 그리고 *부장품을 넣었어요.

이렇게 무덤 안의 벽면에 그려 놓은 그림을 고분 벽화라고 해요. 고구려 초기에는 주로 무덤 주인이 경험한 중요한 사건이나 화려한 생활 모습을 그렸어요. 그러다 나중에는 주로 사신도를 그렸지요.

대부분의 고구려 무덤은 주인이 누구인지 몰라요. 그래서 무덤이 있는 지역의 이름이나 고분 벽화의 내용을 따서 무덤의 이름을 지었어요. 예를 들어, 무용총은 춤추는 사람들을 그린 무용도가 있어 붙은 이름이에요. 안악 3호분은 황해도 안악군에 있는 세 번째 무덤이라는 뜻이고요.

그럼 우리는 고분 벽화에서 무엇을 알 수 있을까요?

무용도에는 춤추기를 즐겨 한 고구려 사람들의 모습과 옷의 모습이 담겨 있어요. 수렵도에는 산과 들을 누비며 호랑이를 잡으러 다닌 고구려 사람들의 씩씩한 기상이 나타나 있지요.

또 강서대묘에는 네 가지 상상의 동물을 그린 사신도가 있어요. 고구려 사람들은 이 동물들이 죽은 사람의 영혼을 지켜 준다고 믿었어요. 각 동물은 네 방위를 맡은 신인데, 동쪽에 청룡, 서쪽에 백호, 남쪽에 주작, 북쪽에 현무가 그려져 있어요. 이와 같이 우리는 고분 벽화로 고구려 사람들의 생활 모습과 생각을 알 수 있어요.

*부장품은 죽은 사람과 함께 무덤에 묻는 물건을 말해요.

무용총 무용도
화려한 점무늬 옷을 입은 남녀 무용수가 긴 소매를 어깨 뒤로 늘어뜨리고 춤을 추고 있어요.

무용총 수렵도
말을 탄 사람들이 활시위를 힘껏 당기며 사슴과 호랑이를 쫓고 있어요. 사냥하는 모습을 생동감 넘치게 그렸어요.

강서대묘 사신도 중 현무
강서대묘 사신도는 고구려 고분 벽화의 사신도 가운데 가장 빼어난 작품으로 꼽혀요.

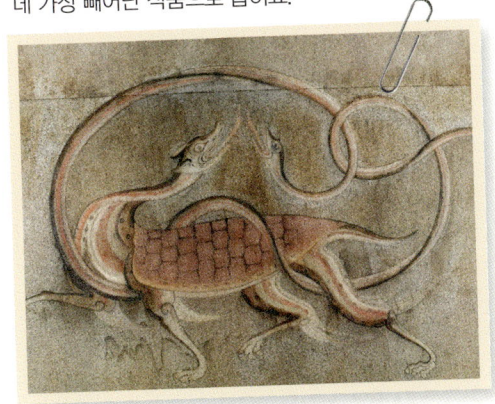

고분 벽화에 담긴 고구려인의 모습

고구려 고분 벽화에는 고구려 사람들의 생활 모습, 삶과 죽음에 대한 생각이 잘 드러나 있어요. 고구려 사람들이 어떻게 살았는지 살펴볼까요?

덕흥리 고분 벽화

덕흥리 고분의 구조　　안채　　　　통로　　　　바깥채

고구려 고분은 내부가 벽화로 장식된 것이 많아요. 고구려 사람들은 무덤을 사람이 죽은 후에 생활하는 공간이라고 생각해서 현실의 집과 비슷하게 바깥채, 통로, 안채 등의 구조로 만들었어요. 벽화도 바깥채에는 행차를 하는 모습 등의 공적인 모습을 그리고, 관을 놓는 안채에는 무덤 주인의 얼굴이나 생활 모습 등 개인적인 모습을 그렸어요.

안악 3호분 고분 벽화

무덤 주인의 초상
무덤 주인이 보고를 받고 있어요. 사람들의 크기가 다르게 그려진 것은 고구려가 신분제 사회였음을 알려 줘요.

무덤 주인 부인의 초상
하녀가 부인에게 차를 주고 있어요. 부인은 화려한 머리 장식을 하고 꽃무늬 비단옷을 입고 있어요.

부엌과 창고의 모습
부엌에서 곡식을 찧고 요리하는 모습과 갈고리에 걸린 돼지, 소, 노루 고기의 모습이 보여요. 그 당시 주방의 구조와 고구려 사람들이 무얼 먹었는지 알 수 있어요.

우물의 모습
도르래를 이용해 물을 길었다는 것을 알 수 있어요.

51

교과서 속 문화유산 1   백제   국보 287호

백제 금동 대향로 백제 예술의 꽃

여러분은 제사를 지낼 때 향을 피우는 것을 본 적이 있나요?

향을 피우기 위해 향을 담는 그릇을 향로라고 해요. 옛 향로 중에 백제 사람들의 생활 모습과 생각을 알려 주는 것이 있어요. 바로 백제 금동 대향로예요.

1993년 발굴한 뒤에 처음 붙여진 이 향로의 이름은 '백제 금동 용봉 봉래산 향로'였어요. '금동'은 금과 구리를 혼합해 만든 것이고 '용봉'은 용과 봉황을 말해요. '봉래산'은 신선들이 살고 있다는 산이지요. 즉 용과 봉황, 봉래산의 모습을 담은 금동으로 만든 백제의 향로라는 뜻이에요.

백제 금동 대향로는 높이가 61.8cm, 무게가 11.8kg으로 크고 아주 정교해서 아름다워요. 지금으로부터 1,400여 년 전에 만들었다는 사실이 의심스러울 정도로 섬세하고 뛰어난 작품이랍니다.

백제 금동 대향로는 하늘로 올라가는 용 한 마리가 받침이 되어 연꽃과 봉래산을 떠받치는 모습이에요.

향로의 조각에는 불교 사상과 도교 사상이 담겨 있어요. 도교 사상은 중국에서 들어왔는데, 신선 사상과 불로장생(영원히 늙지 않고 오래 삶)을 추구했어요. 백제 사람들은 죽은 사람이 신선 세계로 가기를 바란 마음을 향로에 담고 싶었나 봐요. 또 이 향로에는 북, 거문고, 피리 등 각종 악기를 연주하는 악사들이 조각돼 있어 옛날 악기 연구에도 귀중한 자료가 되고 있어요.

상세 모습

뚜껑 윗부분
목 앞에 여의주를 낀 봉황의 모습이에요. 가슴에 연기 구멍이 나 있어요.

뚜껑 아랫부분
신선, 산과 폭포, 상상의 동물, 현실 세계의 동물 등을 세밀하게 배치해 아주 화려해요. 또 악사와 말을 타고 달리는 사람, 폭포수에 머리 감는 사람 등도 조각돼 있어요.

몸체
연꽃잎이 층을 이루고, 연꽃잎 사이로 신선과 날개 달린 물고기들이 조각돼 있어요.

받침대
용이 활짝 핀 연꽃 봉오리인 몸체를 입으로 받치고 있어요.

이 향로는 왕실에서 제사를 지낼 때 쓰던 것으로 추측하고 있어.

53

교과서 속 문화유산 1 | 백제
공주 송산리 고분군·사적 13호

무령왕릉 백제 유물의 보물 창고

　백제의 수도 가운데 하나였던 공주에는 백제의 흔적과 역사를 느낄 수 있는 곳이 많아요. 공주의 송산리 고분군은 백제 왕의 무덤이 일곱 개나 모여 있는 곳이에요. 이 무덤들 중에 주인이 밝혀진 것은 무령왕과 왕비의 무덤인 무령왕릉뿐이에요.

　그런데 이 무덤이 무령왕의 것인지 어떻게 알았을까요?

　무덤에서 나온 지석을 통해 알 수 있었어요. 지석은 무덤 속에 넣는 널판같이 생긴 돌이지요. 이 지석에는 "백제 사마왕이 62세에 돌아가셨다."고 쓰여 있었어요. 사마왕은 무령왕이 살아 있을 때 쓰던 이름이에요.

　또 이 지석에는 매지권이 기록되어 있었어요. 매지권은 땅을 산다는 뜻의 증서로, 무령왕이 토지신에게 땅을 사서 무덤을 만들었다는 의미예요. 지석 위에는 중국의 화폐인 오수전 꾸러미가 놓여 있었어요. 이것으로 땅을 산 값을 지불한 것이 아닐까 추측하고 있어요.

　이 외에도 무령왕릉에서는 2,900여 점의 유물들이 쏟아져 나왔어요. 이 유물들은 당시 백제의 모습을 이해하는 데 많은 도움을 줘요.

　무령왕릉은 우리나라에서는 보기 힘든 벽돌무덤이에요. 아름다운 연꽃무늬가 있는 벽돌로 만들어졌어요. 벽돌무덤은 중국 양나라에서 유행하던 무덤 양식인데 백제에 전해진 것이에요. 또 무덤을 지키는 돌짐승인 석수, 중국 화폐인 오수전 등은 중국 왕족의 무덤에서 발견된 것과 비슷하여, 백제와 양나라의 교류를 증명하고 있어요.

무령왕릉에서 나온 보물들

무령왕릉의 유물 중에는 청동 거울, 오수전처럼 중국에서 전해진 것도 있지만, 왕과 왕비의 장신구, 관을 장식하는 금제 관식 등 대부분은 백제에서 만들어졌어요. 또 왕과 왕비의 관의 재료로 쓰인 나무는 일본의 것으로 밝혀져 백제와 일본의 교류 사실도 알려 주고 있어요.

무령왕릉의 구조와 유물들의 배치 모습

백제 사마왕이 무령왕이야.

무령왕릉 지석(국보 163호)
무령왕릉에는 두 개의 지석이 있었어요. 하나에는 왕의 이름, 신분 등의 묘지가 새겨져 있고, 다른 하나에는 사마왕이 땅을 산다는 내용의 매지권이 기록되어 있었지요. 매지권의 뒷면에는 왕비의 묘지가 새겨져 있었어요.

무령왕비 금동 신발
왕비의 발에 신겨져 있던 신발이에요. 길이가 35cm나 되는데, 평소에 신던 것이 아니라 장례용이에요.

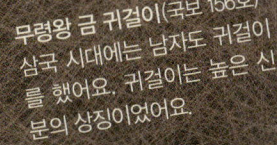

무령왕 금 귀걸이 (국보 156호)
삼국 시대에는 남자도 귀걸이를 했어요. 귀걸이는 높은 신분의 상징이었어요.

무령왕 금제 관식 (국보 154호)
왕의 관을 꾸미는 장식이에요. 정교하게 오린 금판에 100여 개의 달개를 금실로 달았어요.

무령왕릉 오수전
중국의 화폐로 지석 위에 올려져 있었어요.

무령왕릉 석수 (국보 162호)
돌짐승이라는 뜻으로, 뿔이 하나인 상상의 동물이에요. 백제 사람들은 석수가 나쁜 기운을 쫓고 무덤의 주인을 지켜 준다고 믿었어요.

교과서 속 문화유산 1 | 삼국 시대 국보 83호

금동 미륵보살 반가 사유상 세계 최고의 조각품

불교에서는 "깨달음을 얻으면 누구나 부처가 될 수 있다."고 해요. 깨달음의 경지에 이른 금동 미륵보살 반가 사유상의 온화한 미소는 우리의 염원을 무엇이든 들어줄 것 같이 자비로워요.

금동 미륵보살 반가 사유상, 한 번에 부르기엔 너무 길지요? 이 이름은 어떤 뜻을 가지고 있을까요?

금동 미륵보살 반가 사유상은 네 개의 단어로 이루어져 있어요. '금동'은 금과 구리를 혼합해 만들었다는 의미이고, '미륵보살'은 석가모니가 죽은 후에 사람들을 도우러 온다는 보살이에요. 그리고 '반가'는 한쪽 다리를 구부려 다른 쪽 다리의 허벅지 위에 올려놓은 모양을 말하고, '사유상'은 생각하는 모습의 불상이라는 뜻이지요. 즉, 금과 구리로 만든 생각하는 모습의 미륵보살이라는 뜻이에요.

금동 미륵보살 반가 사유상은 고구려, 백제, 신라에서 모두 만들어졌어요. 그중에서 가장 아름답다고 알려진 국보 83호는 백제의 것인지, 신라의 것인지 아직 밝혀지지 않았어요.

그런데 이 불상과 똑같이 생긴 불상이 일본에도 있어요. 바로 고류 사라는 절에 있는 목조 미륵 반가 사유상이에요. 일본에서는 목조 미륵 반가 사유상을 국보로 지정했을 정도로 그 가치를 높이 인정하고 있어요.

그럼 어떻게 똑같이 생긴 불상이 일본에도 있을까요? 당시 우리나라가 일본에 영향을 준 걸까요? 일본이 우리나라에 영향을 준 걸까요?

일본의 옛 역사서인 《일본서기》에는 신라에서 가져온 불상을 고류 사에 모셨다는 기록이 있어요. 또 일본에는 목조 미륵 반가 사유상의 재료인 적송(붉은 소나무)이 자라지 않아요.

이런 사실은 백제나 신라의 미륵 보살 반가 사유상을 만드는 양식이 일본에 전해졌으며, 당시 우리나라와 일본의 교류를 알려 주는 좋은 증거가 된답니다.

금동 미륵보살 반가 사유상(국보 83호)   목조 미륵 반가 사유상(일본 고류 사 소장)

2장 교과서 속 문화유산 1 | 신라 국보 31호

첨성대 우리나라에서 가장 오래된 천문대

별자리를 보러 천문대에 가 본 적 있나요? 요즘은 천문대가 많아서 쉽게 별을 관찰할 수 있지만 옛날에는 어디에서 별을 관찰했을까요?

우리나라에서 가장 오래된 천문대는 첨성대예요. 첨성대는 신라의 선덕 여왕 때 만들어졌어요.

첨성대는 아주 단단한 돌인 화강암으로 만들어졌어요. 첨성대의 가장 아래 받침인 기단은 네모나게 만들어졌고, 몸통은 네모난 돌이 원기둥 모양으

어디로 들어가지?

첨성대에 들어가려면 사다리가 필요해.

첨성대(국보 31호)

로 한 층 한 층 쌓여 27단이에요. 중간에는 창문 같은 네모난 구멍이 나 있고, 맨 위에는 우물 정(井) 자 모양으로 돌이 올려져 있어요.

이렇게 첨성대는 둥근 하늘을 상징하는 원형, 네모난 땅을 상징하는 사각형이 적절히 섞여 표현되어 있어요. 첨성대에는 우주의 모습을 표현하려고 한 신라 사람들의 과학 정신이 담겨 있어요.

그럼 선덕 여왕은 왜 첨성대를 만들었을까요?

신라에서는 선덕 여왕 이전에는 여자가 왕이 된 적이 없었어요. 그래서 아마 당시 귀족들은 여자인 선덕 여왕이 달갑지 않았을 거예요. 학자들은 선덕 여왕이 하늘의 변화를 살피고 하늘의 뜻을 전해 자신의 권위를 높이려고 천문대를 만들었을 거라고 추측하고 있어요. 그 당시에 정확한 날짜와 기후, 계절의 변화 등을 파악하는 것은 농사에 큰 도움이 됐어요. 또 천문 관측의 결과는 나라의 길흉화복(운이 좋고 나쁨, 재앙과 복)을 점치는 점성술에도 영향을 주어 정치와도 연관되었어요.

일부 학자들은 첨성대가 천문 관측을 위한 건물이 아니라고 말해요. 하지만 현재까지는 천문대라는 주장이 가장 유력해요.

첨성대의 돌 개수와 기단의 개수 등이 달력이나 별자리 등의 천문학적인 숫자와 연관되어 있기 때문이에요.

창경궁 관천대 (보물 851호)
조선 시대에 천문을 관측하던 곳이에요. 소간의 같은 천문 관측 기구를 올려놓고 사용했어요. 우리 조상들에게 농사는 중요해. 우리 조상들은 천문에 관심이 많았어요. 그래서 고려 시대에도 첨성대를 만들었어요. 고려 시대의 첨성대는 개성에 남아 있어요.

첨성대에 숨어 있는 비밀들

신라 사람들은 문이 없는 첨성대에 어떻게 올라가서, 별을 관찰했을까요? 또 첨성대가 천문대라는 증거는 무엇일까요? 첨성대에는 여러 가지 비밀이 숨어 있어요. 어떤 비밀이 있는지 하나하나 살펴봐요.

비밀 1. 사다리를 사용해 첨성대에 올라갔어요.

첨성대에는 가운데의 네모난 창에 사다리를 걸쳤던 흔적이 남아 있어요. 이 흔적으로 학자들은 신라 사람들이 창을 통해 출입했다고 생각하고 있어요. 또 내부도 사다리를 걸칠 수 있게 만들어져 있어, 첨성대 꼭대기에 올라가 하늘을 관찰했을 것으로 생각하고 있어요.

첨성대가 알려 주는 정보

춘분과 추분 때에는 첨성대의 맨 밑바닥까지 햇빛이 비치고, 하지와 동지 때에는 바닥에 햇빛이 비치지 않아 첨성대를 통해 계절을 파악할 수 있었어요. 농경 사회에서는 언제 씨를 뿌리고, 수확해야 하는지 등의 시기가 아주 중요해요. 그래서 첨성대가 알려 주는 시간 정보는 농경 생활에 큰 도움이 됐을 거예요.

비밀 2. 천문학적 숫자와 상징으로 이루어진 건축물이에요.

첨성대에는 깜짝 놀랄 만큼 많은 천문학적 숫자와 상징이 담겨 있어요. 신라 사람들은 첨성대 안에 우주의 철학을 담은 거예요.

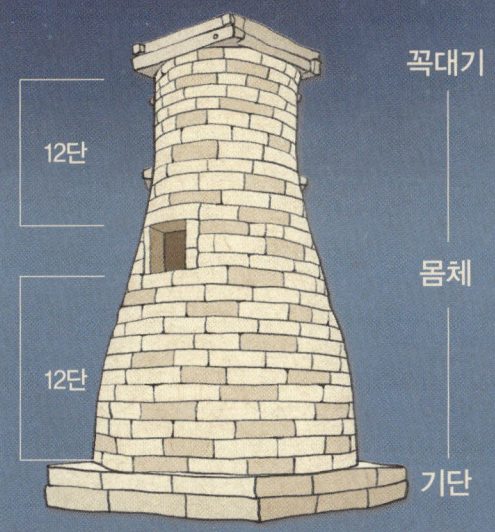

- 전체 돌 개수 365개
  1년 365일을 의미해요.
- 윗부분 12단, 아랫부분 12단
  1년 12달을 의미해요.
- 윗부분 12단+아랫부분 12단=24단
  24절기를 의미해요.

- 첨성대 몸체 27단+꼭대기의 정(井) 자 모양의 돌=28
  28수를 의미해요. 우리나라 사람들은 달을 기준으로 별자리를 정했는데, 동서남북 네 방향에 7개씩 총 28개의 별자리를 묶어 28수라고 했어요.
- 첨성대 몸체 27단+기단 2단=29
- 첨성대 몸체 27단+정(井) 자 모양의 돌+기단 2단=30
  음력 한 달의 날짜 수인 29, 30을 의미해요.

비밀 3. 천문대가 아닐 수도 있어요.

어떤 학자들은 첨성대가 천문대가 아니라고 주장해요. 첨성대는 천문을 관측하기에는 너무 낮은 평지에 있고, 꼭대기도 너무 좁아 실용성이 적다는 이유지요. 첨성대가 풍년을 기원하면서 하늘에 제사를 지내던 곳이라는 주장도 있고, 천문 원칙과 수학적 지식을 이용한 천문학적 상징물이라는 주장도 있어요. 어느 주장이 정확한지는 모르지만 아직까지는 천문대라는 주장이 가장 유력하답니다.

2장 교과서 속 문화유산 1 | 신라 국보 207호

천마도 하늘을 나는 신라의 말 그림

경주에 가면 작은 언덕 같은 커다란 무덤들이 모여 있는 대릉원이 있어요. 대릉원에 있는 무덤들은 신라의 왕과 왕비, 귀족들의 무덤이에요. 하지만 이 무덤들은 아직까지 주인이 밝혀지지 않아 금관총, 황남대총, 서봉총 등 무덤의 위치나 출토된 유물의 이름을 따서 부르고 있어요.

대릉원의 무덤 중에 천마총은 유일하게 무덤 안에 들어갈 수 있는 무덤이에요. 천마총이란 이름은 그 안에서 나온 말 그림 때문에 붙여졌어요. 무덤 안에서 말안장과 장니(진흙이 말 몸에 튀는 것을 막는 기구, 말다래)가 발견됐는데, 장니에 하늘을 나는 말을 그린 천마도가 있었어요.

지금까지도 신라 무덤에서 그림이 나온 것은 아주 드물어요. 그래서 천마도는 신라인의 그림 솜씨를 알 수 있는 매우 귀중한 유물이에요. 자작나무 껍질 위에 그린 말은 힘차게 발을 들고 올라가는 모습으로, 죽은 사람의 영혼이 말에 실려 하늘로 올라가는 것을 상상하게 해요.

천마총

신라 사람들은 왜 무덤의 유물에 천마도를 그렸을까요?

당시에는 새나 신성한 동물이 죽은 사람의 영혼을 천상의 세계로 안내해 준다고 믿었어요. 그래서 무덤에 새 깃털이나 말 등의 그림을 넣어 두었지요.

장니

천마도(국보 207호)

신문과 뉴스 속 문화유산

천마도는 말 그림이 아니다?

일부 학자들은 천마도의 그림이 기린이라고 주장하고 있다. 이 학자들이 말하는 기린은 아프리카에 사는 초식 동물이 아니라, 중국 신화 속에 등장하는 상상의 동물이다. 옛날 사람들은 기린을 희망, 행복, 성공을 상징하는 신비로운 동물로 여겼다. 고대 그림에 등장하는 기린의 모습은 머리에 뿔, 다리에 말발굽이 있으며, 입과 몸에서 신성한 기운을 내뿜고 있다. 학자들은 이 모습이 천마도의 모습과 비슷해서 천마도를 기린이라고 주장하는 것이다. 하지만 천마도의 동물이 기린인지 말인지 밝히려면 더 많은 연구가 필요할 것으로 보인다.

흥선 대원군 기린 흉배
흥선 대원군의 관복에 부착한 흉배로, 기린 무늬가 수놓여 있어요.

교과서 속 문화유산 1

신라, 통일 신라
토우장식 목 항아리 · 국보 195호

토우와 토용 신라인의 정서가 담긴 흙 인형

토우는 흙으로 만든 사람이나 동물 등의 인형을 말해요. 오래 전부터 전 세계적으로 토우를 만들었는데, 우리나라에서는 신라 때 많이 만들었어요. 신라의 토우에는 신라인의 정서와 희노애락이 잘 드러나 있어요.

토우장식 목 항아리에는 거문고를 타는 임산부, 거북, 개구리, 뱀 등의 토우가 장식되어 있어요. 임산부는 풍요를, 동물들은 신성함과 장수를 나타내요. 또 배나 말 모양의 토우는 죽은 사람을 사후 세계로 편안히 보내는 의미로 만든 것으로 추측하고 있어요.

토우가 제사나 장례 의식 등에 사용된 부장품이라면, 토용은 순장을 대신해 무덤에 넣은 부장품이라고 할 수 있어요. 토용은 통일 신라 때 만들어졌어요.

옛날에는 왕이나 귀족이 죽으면 따르던 사람들도 함께 묻었어요. 이 풍습을 순장이라고 하는데, 고대 중국에서 시작되어 우리나라로 들어왔어요. 옛날 사람들은 시종들을 주인에게 속한 물건으로 여겼어요. 그래서 죽은 사람이 사후 세계에서 생활할 수 있도록 그 사람이 쓰던 물건과 함께 시종까지 묻은 것이지요.

순장을 하면 많은 사람이 죽어 농사를 지을 노동력이 부족해져요. 그래서 신라의 지증왕은 순장을 금지했어요. 그 후부터 사람들은 흙으로 토용을 만들어 사람 대신에 묻었어요. 토용은 사실적으로 표현되어 있어 통일 신라 사람들의 모습을 잘 보여준답니다.

여인상(토용)

남자상(토용)

거북　거문고를 타는 임산부　개구리　뱀
토우장식 목 항아리(국보 195호)

신문과 뉴스 속 문화유산

가장 많은 사람을 순장시킨 진시황

중국 순장의 대표적인 예는 진시황릉이다. 중국에서 가장 무자비한 군주로 꼽히는 진시황은 순장 규모로도 역사상 최고이다. 중국의 옛 역사서인 《사기》를 보면 궁녀 1만 명을 순장했다는 기록이 있다. 또 도굴을 막기 위해 무덤을 만든 수십만 명의 일꾼들까지 묻었다고 한다. 그러나 진시황은 자신의 무덤을 지켜 줄 군대는 토용, 즉 병마용으로 만들어 무덤에 넣었다. 지금까지 발견된 병마용은 8,000개가 넘지만 아직 발굴되지 않은 것도 많아 그 규모가 엄청나다는 걸 짐작할 수 있다. 진시황릉은 유네스코 세계 문화유산이다.

진시황릉의 병마용들

2장 교과서 속 문화유산 1 | 신라, 통일 신라

신라의 황금 유물들
찬란한 신라의 금속 세공술

옛 일본 사람들은 신라를 '눈부신 금과 은의 나라'라고 불렀어요. 그만큼 신라 사람들은 금과 은을 좋아했어요.

신라 사람들은 장신구는 물론 지붕의 기와, 죽은 사람이 입는 수의, 심지어 말의 장신구도 금으로 만들었어요. 그래서 금을 다듬는 세공 기술이 발달했지요.

우리는 남아 있는 유물들을 통해서 신라인의 금은 세공 솜씨를 볼 수 있어요.

황금 유물은 특히 황남대총과 금관총에서 많이 나왔어요. 황남대총과 금관총에서는 금관은 물론 금으로 만든 허리띠와 금반지, 금팔찌, 금목걸이, 금동 신발, 가슴 꾸미개 등의 장신구가 많이 나왔어요.

그중에 특히 금관은 순금 판을 나뭇가지 모양으로 오리

고, 그 위를 금 달개와 옥으로 꾸며 매우 정교하고 아름다워요. 금관은 무덤의 주인이 살아 있을 때 막강한 힘과 권위를 가졌음을 상징하는 유물이에요.

그런데 무덤의 주인공은 금관을 평상시에 썼을까요?

학자들은 무덤의 주인공이 금관을 특별한 의식이 있을 때만 쓰고, 주로 부장품으로 사용했을 것이라고 해요. 금관의 무게가 1kg이 넘고 머리에 쓰기에는 너무 불편하기 때문이에요.

황금 유물들이 나온 신라의 무덤들은 '돌무지덧널무덤'이에요.

이 무덤은 관과 부장품 위에 나무로 목곽을 설치하고, 그 위에 돌을 수십 겹 쌓은 후 흙으로 다졌어요. 도굴하기 힘든 구조지요. 그래서 돌무지덧널무덤에는 황금 유물들이 지금까지 온전히 남아 있어요.

황금의 나라, 신라

신라의 황금 유물들을 보면 신라 사람들의 뛰어난 금은 세공술과 세련되고 아름다운 예술성을 느낄 수 있어요.

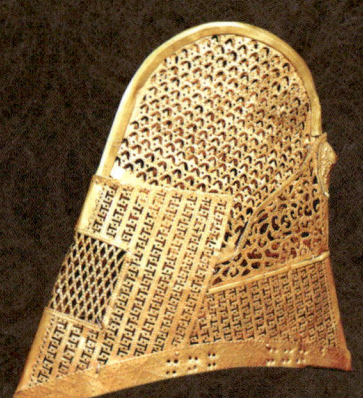

천마총 금제 관모(국보 189호)
고깔 모양의 관 위에 쓰는 모자예요. 중요한 의식에 사용한 것으로 추측하고 있어요.

귀걸이에 둥근 끈을 달고, 귀에 걸어서 착용했대.

황남대총 금관(국보 191호)
신라 사람들은 나무, 사슴이 하늘과 땅을 연결해 주는 신령스러운 존재라고 생각해서 금관에 나뭇가지와 사슴뿔 장식을 넣었어요.

부부총 금제 귀걸이(국보 90호)
0.5mm도 안 되는 금 알갱이를 붙여 무늬를 만들었어요. 굵은 고리는 금판을 얇게 두들겨 만들어서 속이 비어 있어요.

2장 교과서 속 문화유산 1 | 통일 신라
김유신 묘 · 사적 21호

김유신 묘의 십이지 신상 무덤을 지키는 조각

여러분도 태어난 해에 따라 띠가 있지요? 띠는 쥐, 소, 호랑이, 토끼 등 열두 동물로 이루어져 있어요. 이것을 '십이지'라고 해요.

처음 십이지가 만들어진 건 옛날 중국 하왕조 때예요. 하왕조는 천문학이 발달하여 십이지로 연도, 월, 일, 시간을 기록했다고 해요. 이 십이지가 우리나라와 일본, 몽골, 인도 등 동남아시아로 전해졌어요.

십이지와 관련된 재미있는 불교 설화도 있어요. 석가모니가 이 세상을 떠날 때 모든 동물들을 다 불렀는데, 열두 동물만이 이별 인사를 하러 왔대요. 쥐가 가장 먼저 도착했고, 그 다음에 소가 왔대요. 뒤이어 호랑이, 토끼, 용, 뱀, 말, 양, 원숭이, 닭, 개, 돼지의 순서로 도착했대요. 그래서 석가모니는 도착한 순서에 따라 열두 동물의 이름을 각 해마다 붙여 주었어요. 이것이 십이지 띠의 유래라고 해요.

또 옛날 사람들은 이 열두 동물을 나쁜 기운을 물리치는 수호신으로 생각했어요. 그래서 십이지에 '신(神 신령 신)' 자를 붙여 십이지 신이라고 불렀어요.

삼국 통일을 이끈 장군 김유신의 묘에는 십이지 신이 새겨진 돌, 십이지 신상이 붙어 있어요. 십이지 신상이 있는 무덤으로는 김유신 묘와 함께 경주의 괘릉, 성덕왕릉이 유명해요. 십이지 신은 절에서도 볼 수 있어요. 큰 행사를 할 때 잡귀신의 침범을 막는 의미로 십이지 신의 그림을 걸거나, 십이지 신상을 조각해 놓기도 해요.

김유신 묘(사적 21호)
십이지 신상을 새긴 네모난 돌을 무덤에 빙 둘러 붙였어요.

십이지 신상 중 말상
머리는 말, 몸은 사람의 모습이에요.

탁본으로 보니까 모양이 잘 보이네.

| 쥐 (子 쥐 자) | 소 (丑 소 축) | 호랑이 (寅 호랑이 인) | 토끼 (卯 토끼 묘) | 용 (辰 용 진) | 뱀 (巳 뱀 사) |

| 말 (午 말 오) | 양 (未 양 미) | 원숭이 (申 원숭이 신) | 닭 (酉 닭 유) | 개 (戌 개 술) | 돼지 (亥 돼지 해) |

김유신 묘의 십이지 신상 탁본

2장 교과서 속 문화유산 1 | 통일 신라
석가탑(불국사 3층 석탑) · 국보 21호
다보탑 · 국보 20호

석가탑과 다보탑 신라 불교 예술의 꽃

경주 불국사에 가면 전혀 다르게 생긴 두 탑이 마주 보고 있어요. 석가탑(불국사 3층 석탑)과 다보탑은 우리나라에서 가장 아름다운 탑으로 손꼽히지만, 두 탑의 생김새는 대조적이에요. 석가탑은 직선으로 이루어져서 간결하고 세련된 느낌을 줘요. 각 부분의 비례와 균형이 알맞아 매우 안정돼 보이지요. 반면에 다보탑은 우리나라 탑에서는 보기 힘들 정도로 화려한 모습이에요. 그래서 사람들은 다보탑이 화려하게 꾸민 여인의 모습 같다고 해요. 돌을 자유자재로 다루어 화려하게 조각한 솜씨가 아주 놀랍지요. 다보탑의 양식은 중국이나 일본에서도 보기 힘든 특이한 것이라고 해요. 석가탑과 다보탑의 대조적인 아름다움은 불국사의 모습을 더욱 돋보이게 한답니다.

그런데 왜 같은 공간에 놓을 탑을 전혀 다른 모양으로 만들었을까요?

석가탑(국보 21호)

그 이유와 관련된 얘기가 《법화경》이라는 불교 경전에 나와요. 다보여래는 평소에 "내가 부처가 된 뒤 누군가 법화경을 설법하는 사람이 있으면 그 앞에서 탑 모양으로 솟아나 찬미하리라."라고 얘기했어요. 훗날 석가모니가 사람들 앞에서 법화경을 설법하자 정말로 그 앞에 화려한 탑이 솟아났다고 해요. 신라 사람들은 이 이야기를 사람들이 눈으로 볼 수 있게 석가탑과 다보탑으로 재현했어요. 설법하는 석가모니의 모습은 석가탑으로, 땅에서 솟구친 다보여래의 모습은 다보탑으로 만들었어요.

　석가탑과 다보탑은 대웅전 앞에 서 있어요. 불교에서는 왜 탑을 만들고 대웅전 앞에 탑을 세울까요?

　탑은 부처님(석가모니)의 몸에서 나온 사리를 보관하려고 만든 건축물이에요. 석가모니가 세상을 떠난 뒤에 시신을 화장했더니 몸에서 구슬같이 생긴 사리가 나왔어요. 부처님의 사리가 있는 탑은 불교 신앙의 상징이에요. 그래서 절의 중심이 되는 대웅전 앞에 탑을 세워요. 물론 그렇지 않은 경우도 있어요.

다보탑(국보 20호)

석가탑 속 보물, 무구정광대다라니경

1966년 석가탑을 보수하려고 해체하던 사람들은 깜짝 놀랐어요. 탑 안에서 《무구정광대다라니경》이 나왔기 때문이에요.

《무구정광대다라니경》은 통일 신라 경덕왕 10년(751년)에 만들어졌어요. 현재 남아 있는 것 중에 세계에서 가장 오래된 목판 인쇄물이지요. 우리나라 인쇄술의 발달과 우수성을 보여 주는 중요한 유물이에요. 이 인쇄물은 부처님의 설법 내용이 적혀 있는 경전으로, 폭은 8cm이지만 길이가 6.2m나 되는 두루마리예요. 당시에는 제본하는 기술이 없어서 책을 이렇게 두루마리 형태로 만들었어요.

그런데 왜 경전을 탑에 넣은 걸까요? 인도에서 시작된 탑이 주변의 여러 나라로 전해지면서 사리가 부족해서, 사리 대신에 경전을 넣게 되었어요. 또 사리 모양과 비슷한 작은 구슬을 넣기도 했답니다.

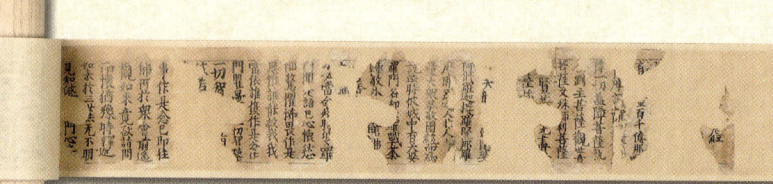

무구정광대다라니경(국보 126-6호) 세계에서 가장 오래된 목판 인쇄물이에요.

석가탑에 얽힌 슬픈 전설

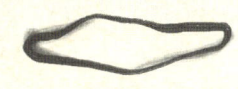

　통일 신라의 경덕왕은 불국사 안에 아름다운 탑을 세우고 싶었어요. 그래서 백제의 부여에 사는 도고라는 뛰어난 석공에게 탑 쌓는 일을 맡겼어요. 하지만 도고는 늙고 병이 들어 경주에 갈 수가 없었어요. 대신에 도고는 제자 아사달을 보내기로 했어요. 아사달은 도고의 딸인 아사녀의 남편이기도 했어요. 아사달은 걱정하는 아사녀를 떼어 놓고 불국사에서 다보탑을 완성했어요. 그러고는 석가탑을 만들기 시작했지요.

　일 년이 지나도 남편이 돌아오지 않자 아사녀는 기다림에 지쳐 불국사로 찾아갔어요. 하지만 절의 문지기들은 아사녀를 막으며 말했어요. "탑을 만드는 동안에는 여자를 만날 수 없소. 탑이 완성되면 저쪽 영지에 그림자가 비칠 것이니, 그때 오시오." 아사녀는 매일 연못가에서 기다렸지만 두세 달이 지나도 탑의 그림자는 비치지 않았어요.

　어느 날 아사녀는 연못에 비친 아사달의 헛모습을 보고는 연못에 몸을 던지고 말았어요. 얼마 뒤 석가탑을 완성한 아사달은 아사녀의 소식을 듣고 슬프게 울다가 사라져 버렸어요. 그 뒤로 사람들은 연못에 그림자가 비치지 않았다고 해서 석가탑을 '무영탑(無 없을 무, 影 그림자 영, 塔 탑 탑)'이라고 불렀대요.

2장 교과서 속 문화유산 1 | 통일 신라
국보 29호

성덕 대왕 신종 _{마음을 울리는 종소리}

여러분은 산 전체로 울려 퍼지는 범종의 맑고 청아한 소리를 들어 본 적이 있나요?

절에 있는 큰 종을 불교에서는 범종이라고 해요. 불교에서는 범종 소리를 부처님의 말씀에 비유해서, 고통 받는 사람들이 범종 소리를 들으면 고통에서 벗어날 수 있다고 해요. 부처님의 말씀이니 범종 소리의 아름다움이 정말 중요하겠지요? 수많은 범종들 중에서 가장 크고 아름다운 소리로 손꼽히는 종이 있어요. 바로 성덕 대왕 신종이에요.

현재 우리나라에 남아 있는 가장 큰 종

성덕 대왕 신종은 통일 신라의 경덕왕이 아버지인 성덕왕을 기리기 위해 만들기 시작했지만 완성하지 못했어요. 아들 혜공왕 때에 이르러 종을 완성했으니, 종을 만드는 데 30년 넘게 걸린 것이에요.

성덕 대왕 신종은 높이가 무려 3.75m, 무게는 18.9t으로 현재 우리나라에 남아 있는 종들 중에 가장 커요.

또 이 종의 소리와 무늬는 아름답기로 유명해요. 종의 중앙에는 아름다운 선녀의 모습인 비천상 무늬가 새겨져 있어 종소리의 아름다움을 표현하고 있어요. 선녀는 바람에 너울거리는 날개옷을 입고 연꽃 위에 무릎을 꿇고 앉아, 두 손에 향로를 받치고 기도하고 있어요.

용뉴

유곽

비천상

성덕 대왕 신종 비천상

성덕 대왕 신종의 용뉴
종을 매다는 고리 역할을 해요. 용머리 모양으로 아름답게 조각되어 있어요.

신비로운 소리의 비밀

성덕 대왕 신종의 소리는 한번 울리면 경주에 사는 모든 사람이 들을 정도로 널리 퍼졌어요. 게다가 종소리의 울림이 아름다워 듣는 사람의 마음속까지 아련해지는 애절함과 여운이 있어요.

종소리가 어떻게 이렇게 멀리 퍼질 수 있을까요? 성덕 대왕 신종을 분석한 결과 '맥놀이' 현상 때문으로 밝혀졌어요. 종처럼 속이 빈 물체를 두드리면, 종의 울림이 종 속의 공기를 진동시켜요. 그런데 성덕 대왕 신종에서는 진동이 다른 두 개의 파동이 나와, 일정한 간격으로 소리가 커지고 작아지고를 반복하며 울림이 계속되는 맥놀이 현상이 나타나요. 이 현상 때문에 성덕 대왕 신종을 치면 9초 간격으로 "에밀레……." 소리가 반복되면서 멀리 퍼져 나가는 것이지요.

신라 사람들은 맥놀이 현상을 일으킬 수 있는 과학 기술을 가지고 있었던 거예요. 무려 1,200년 전에 만든 성덕 대왕 신종의 소리에 현대 과학 기술이 담겨 있다니 정말 대단하지요?

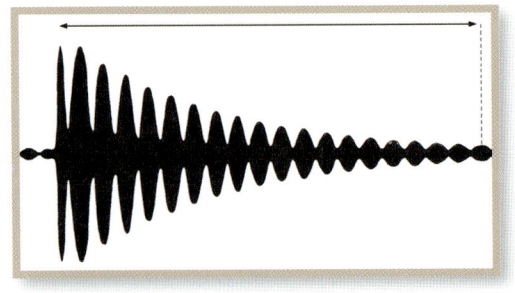

성덕 대왕 신종의 종소리 파형
서로 다른 두 개의 소리가 만나 커지고 작아지고를 반복하고 있어요.

성덕 대왕 신종의 바닥
종 밑의 바닥이 움푹 들어갔어요. 이는 소리가 퍼져 나가는 데 도움을 줘요.

에밀레~ 에밀레~ 우는 에밀레종의 전설

"휴우……." 봉덕사의 주지 스님은 한숨을 길게 내쉬었어요. 30년 전부터 만들기 시작한 종이 모두 깨진 쇳소리가 났기 때문이에요. 고민하던 스님은 사람들의 정성을 모으려고 시주를 받으러 다니다가 어느 허름한 집에 들르게 됐어요. 스님이 시주를 부탁하자 그 집의 여인이 말했어요. "부처님께 드릴 것이 없으니, 어린 딸이라도 소용이 있다면 바치지요." 스님은 시주로 아이를 받을 수 없어 돌아왔어요.

어느 날 밤, 스님의 꿈속에 어떤 노인이 나타났어요. "왜 그 아이를 데려오지 않았느냐? 그 아이를 쇳물에 녹여 종을 만들어야 아름다운 소리가 날 것이다." 스님은 며칠을 괴로워하다가 결국 여인의 집으로 갔어요. 스님은 영혼을 깨우는 소리가 나는 종을 만들 수 있게 딸을 달라고 했지요. 아이를 데리고 절에 돌아온 스님은 부처님께 정성껏 기도를 올리고 아이를 펄펄 끓는 쇳물에 넣었어요. 신기하게도 완성된 종에서는 정말 아름다운 소리가 나는 거예요. 하지만 엄마를 찾는 아이의 소리같이 "에밀레~ 에밀레~" 하는 소리가 들렸어요. 사람들은 이때부터 성덕 대왕 신종을 '에밀레종'이라고 부르게 됐대요.

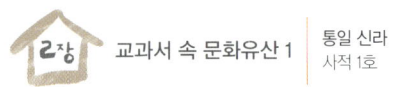

포석정지 비밀이 풀리지 않은 장소

신라의 수도였던 경주에는 포석정이 있던 자리인 포석정지가 있어요. 이 포석정지는 무엇을 하던 곳일까요?

처음에 학자들은 포석정지에 있는 수로 때문에 이곳을 통일 신라의 왕과 신하들이 풍류를 즐기던 곳이라고 생각했어요. 《삼국사기》에 경애왕이 포석정에서 잔치를 즐기다가 후백제의 견훤에게 죽임을 당했다고 쓰여 있기 때문이에요.

통일 신라의 왕은 포석정지의 수로에 술잔을 띄우고, 술잔이 수로를 한 바퀴 돌 때까지 시를 짓는 놀이를 했다고 해요. 포석정지의 수로 길이는 시를 짓기에는 짧아요. 그래서 신라 사람들은 술잔이 천천히 춤을 추듯이 돌도록 수로를 설계했어요. 수로의 폭, 길이, 경사를 다 달리해서 물이 불규칙적으로 흐르게 만들었지요. 이런 수로를 만들려면 물의 양과 흐르는 속도, 측면의 휜 정도 등 여러 가지를 치밀하게 고려해야 해요. 학자들은 이런 수로를 만든 신라 사람들의 과학 기술에 놀라워했어요.

그런데 최근에는 포석정이 연회 장소가 아니라 하늘에 제사를 지내던 신성한 곳이라는 학자들의 주장이 큰 호응을 얻고 있어요. 또 학자들은 경애왕이 포석정에서 나라를 구해달라고 제사를 지내다가 견훤에게 죽임을 당했다고 얘기하고 있어요.

《삼국사기》의 기록과 다르다고요? 이 학자들은 《삼국사기》에 적힌 포석정의 내용이 거짓이라고 주장해요. 경애왕이 죽임을 당한 때가 11월로

쓰여 있는데, 추운 날씨에 수로에 술잔을 띄워 노는 것이 어렵다고 생각하기 때문이에요. 또 아무리 어리석은 왕이라고 해도 나라가 위기에 처한 상황에서 호화로운 잔치를 벌였다는 것이 상식에 맞지 않다는 것이지요.

학자들은 아마도 후삼국을 통일한 고려의 신하가 통일 신라의 권위를 떨어뜨리기 위해 《삼국사기》를 거짓으로 적은 것이 아닐까 추측하고 있어요. 포석정지가 앞으로 더 연구되어 무엇을 하던 곳인지 정확히 알 수 있었으면 좋겠어요.

3장

고려 시대
~
조선 시대

교과서 속
문화유산
2

후삼국을 통일하고 발해 유민을 받아들인 고려는 옛 삼국의 다양한 문화를
모아 새로운 문화를 만들었어요. 고려는 화려하고 고급스러운 귀족 문화가
발달해 화려한 문화유산을 남겼어요. 대표적인 예가 고려청자와 고려 불화예요.
반면 유학을 중시한 조선은 소박하고 검소한 문화가 발달해 담백하고
아름다운 문화유산을 남겼어요. 한글과 백자가 대표적인 예이지요.
이제 고려 시대와 조선 시대의 문화유산을 만나러 가 볼까요?

교과서 속 문화유산 2

고려
청자 상감 운학무늬 매병 · 국보 68호

고려청자
고려 도공의 혼이 담긴 푸른빛

> 푸르게 빛나는 옥은 푸른 하늘에 비치네,
> 한 번 보는 내 눈조차 맑아지는 것 같아라.
> —목은 이색—

고려청자는 고려에서 만든 푸른빛 도자기예요. 고려청자의 색은 오묘하고 깊어 신비감이 느껴져요. 청자는 원래 중국 송나라에서 전해졌어요. 하지만 송나라에서도 자기들이 만든 청자보다 고려청자가 더 뛰어나다고 생각했지요. 한 예로 송나라의 학자인 태평노인은 《수중금》이란 책에서 '고려 비색이 천하제일'이라고 하며 고려청자를 천하제일의 명품으로 꼽았어요.

세월을 뛰어넘어 고려청자는 지금도 세계에서 인정받고 있어요. 고려청자는 외국의 유명 박물관에 전시되고 있고, 외국의 유명한 경매장에서 비싼 가격에 팔리기도 해요.

고려 사람들은 귀한 장식품뿐만 아니라 여러 가지 생활 도구도 청자로 만들었어요. 찻잔과 술병은 물론 국자, 베개, 붓꽂이 등도 청자로 만들어 사용했지요. 심지어 지붕에 얹는 기와까지 청자로 만들었어요.

또 비취색이 나는 청자의 가치를 더 높게 여겨서, 비

취색 청자는 상류층이 사용하고 나머지는 녹청자를 썼어요. 그럼 고려 사람들은 이런 오묘한 빛깔의 청자를 어떻게 만든 것일까요?

아름다운 비취색 청자를 만들려면 흙과 유약, 굽는 온도의 삼박자가 잘 맞아야 한대요. 흙의 철분 성분 때문에 청자에 푸른빛이 생기는데, 철분 양에 따라 청자의 색이 달라져요.

또 도자기를 굽는 가마의 온도는 마지막에 섭씨 1,200도가 넘어야 하고 가마 안에 공기가 들어가면 안 된대요. 고려의 도공들은 아름답고 맑은 빛깔의 청자를 만들기 위해 많은 노력을 했어요. 완성된 청자가 마음에 들지 않으면 열 번이고, 백 번이고 깨뜨렸다고 해요.

또 고려청자는 아름다운 무늬가 있는 상감 청자가 많아요. 상감은 자기의 겉면을 조각칼로 새기고 그 부분에 흰 흙 등을 채워 넣어 문양을 만드는 방법이에요. 이제 상감 청자의 무늬가 그린 것이 아니라 새겨 넣은 것인 줄 알겠지요?

송나라에서 전해진 청자는 무늬가 거의 없어요. 고려의 도공이 무늬를 새겨 넣어 고려만의 독특한 청자를 만든 것이지요. 고려 상감 청자는 고려 사람들의 예술성과 독창성을 느낄 수 있는 문화유산이랍니다.

청자 상감 운학무늬 매병(국보 68호)

독창적인 우리 문화유산, 도자기

우리 선조들은 중국의 영향을 받아 도자기를 만들기 시작했지만 독창적인 형태와 색상을 가진 도자기를 만들어 냈어요. 고려의 상감 청자는 고려만의 독특한 기법이고, 조선의 순백자도 다른 나라에서는 거의 없는 양식이에요. 특히 조선 초기에 만든 분청사기 중에는 뛰어난 작품이 많아요.

① 청자 참외모양 병 (국보 94호)
② 청자 투각 칠보무늬 향로 (국보 95호)
③ 청자 용머리 장식 붓꽂이
④ 청자 상감 모란무늬 표주박모양 주전자 (국보 116호)

청자와 백자의 중간 단계, 조선의 분청사기

분청사기는 청자를 만드는 회색 흙으로 그릇 모양을 빚고 겉면에 흰색 흙을 분칠해 만든 도자기예요. 청자에 분을 바른 도자기라는 뜻이지요. 고려 말에 나라가 어수선해서 청자의 빛을 내기가 힘들어졌어요. 그래서 쉽게 무늬를 내려고 표면에 흰 흙을 입히면서 분청사기를 만들기 시작했어요. 본격적인 분청사기는 조선 전기에 만들어졌어요. 분청사기는 생동감과 자유분방한 매력이 있는 도자기예요.

소박하고 단아한 선비의 멋, 조선의 백자

백자는 바탕색이 흰 자기를 말해요. 조선을 세운 선비들은 청자가 너무 화려하다고 생각해 소박하고 담백한 백자를 좋아했어요. 백자는 흰 흙으로 만들어 우윳빛이 나요. 백자는 무늬가 없는 순백자, 무늬가 푸른 청화 백자, 무늬가 흑갈색인 철화 백자가 있어요. 백자는 절제미가 돋보이는 도자기예요.

⑤ 분청사기 모란무늬 장군
⑥ 분청사기 귀얄무늬 대접
⑦ 분청사기 모란 넝쿨무늬 항아리
⑧ 청화 백자 매조죽무늬 유개 항아리(국보 170호)
⑨ 백자 철화 끈무늬 병(보물 1060호)
⑩ 백자 달항아리

3장 교과서 속 문화유산 2 | 고려 국보 18호

부석사 무량수전   <small>착시를 이용한 아름다운 건축물</small>

경상북도 영주시에 있는 부석사 무량수전은 우리나라에서 뛰어나기로 손꼽히는 목조 건축물이에요. 또 현재 우리나라에 남아 있는 목조 건축물 중에 두 번째로 오래됐어요. 제일 오래된 목조 건축물은 봉정사 극락전이에요.

부석사는 신라 문무왕 때에 지었지만, 중심 건물인 무량수전은 고려 시대에 고쳐 지었어요. 그래서 무량수전에는 고려의 건축 양식이 잘 나타나 있어요.

무량수전이 왜 우리나라의 뛰어난 건축물로 꼽힐까요? 무량수전은 살짝 올라간 추녀의 곡선, 간결한 멋의 *주심포 양식, 배흘림기둥이 한데 어우러져 중후한 멋이 느껴지는 건물이에요.

무량수전은 양쪽 끝의 처마가 가운데 것보다 올라가 있고, 또 앞으로 튀어나와 있어요. 이는 처마가 처져 보이지 않고 안정감 있게 보이도록 처마의 위치를 조정한 거예요. 다른 목조 건축물들의 처마는 양쪽 끝과 가운데를 똑같은 높이로 만들어도 착시 때문에 실제보다 처져 보여요.

또 무량수전의 기둥은 배가 나온 것처럼 가운데 부분이 불룩하고, 위와 아래가 가늘어요. 이런 기둥을 배흘림기둥이라고 해요. 일자로 쭉 뻗은 기둥은 멀리서 보면 착시 현상 때문에 위쪽이 두꺼워 보여요. 반대로 배흘림기둥은 오히려 일자 기둥처럼 보이지요. 또 배흘림기둥이 똑같은 무게의 지붕을 받칠 때에 반듯한 기둥보다 더 적은 개수로 버틸 수 있다고

*주심포 양식은 공포가 기둥 위에만 있는 양식이에요. 공포는 처마 끝의 무게를 받치기 위해 기둥머리 위에 짜 넣은 목조 구조물이에요.

해요. 기둥을 적게 세우면 공간을 그만큼 넓게 쓸 수 있어서 좋지요.

착시 효과와 실용성까지 고려한 고려 사람들의 건축 기술과 감각이 참 대단하지요?

무량수전(국보 18호) 고려의 아름다운 목조 건축물이에요.

배흘림기둥과 주심포 양식

고려 불화

고려 불교 미술의 걸작

화려하고 세련된 고려의 귀족 문화를 대표하는 문화유산을 들면 두 가지가 있어요. 앞서 보았던 고려청자와 이제 살펴볼 고려 불화예요. 고려 불화는 대부분 왕실이나 귀족의 개인 절에 걸려고 많이 제작됐어요.

불화는 불교 사상을 표현한 그림이에요. 삼국 시대부터 시작된 불화는 고려 시대에 꽃을 피웠어요. 불화는 당시 중국, 일본 등 동아시아 불교 국가들에서 모두 유행했는데, 그중에서 고려의 불화가 가장 정교하고 아름다워 세계적으로 인정받고 있어요.

고려 불화는 화려하지만 깊은 종교적 분위기가 잘 표현되어 있어, 품격 있는 아름다움을 보여 줘요. 고려 불화의 가장 큰 특징은 그림에 금물을 풍부하게 사용한 것이에요. 검은 비단 위에 금물로 신체와 옷 등의 테두리 선을 아주 섬세하게 그렸지요. 특히 법의(부처님의 옷) 위에 걸친, 속살이 비치는 베일은 정말 아름다워서 그 표현력에 감탄이 나와요. 또 전체적으로 부드러운 색감을 사용해 은은한 신비감이 느껴지지요.

고려 불화는 현재 150여 점이 남아 있는데, 대부분 외국, 특히 일본에 있고 우리나라에는 10여 점만 있어요. 우리의 훌륭한 문화유산을 볼 수 없어서 참 안타까워요.

〈수월관음도〉(일본 가가미 신사 소장)
고려 불화 중 아름답기로 손꼽히는 작품으로 가로 2.5m, 세로 4.3m나 돼요.

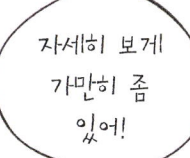

〈수월관음도〉(보물 1426호)
연못가에서 관음보살이 깨달음을 얻기 위해 찾아온 선재동자를 바라보는 모습이에요.

3장 교과서 속 문화유산 2

조선
숭례문 · 국보 1호
흥인지문 · 보물 1호

숭례문과 흥인지문　한양의 성문

현재 우리나라의 수도인 서울은 조선의 수도이기도 했어요. 하지만 조선 시대에는 서울이라고 하지 않고 한양이라고 불렀어요.

조선을 세운 태조 이성계는 수도를 적으로부터 보호하기 위해 한양을 둘러싼 성곽을 쌓았어요. 또 성곽에는 한양을 드나들 수 있는 성문을 세웠지요. 모두 네 개의 대문과 네 개의 소문을 만들어 세웠어요.

네 개의 대문은 동쪽의 흥인지문(동대문), 서쪽의 돈의문(서대문), 남쪽의 숭례문(남대문), 북쪽의 숙정문(북대문)이에요. 네 개의 소문은 동북쪽의 혜화문, 동남쪽의 광희문, 서북쪽의 창의문, 서남쪽의 소의문으로 대문과 대문 사이에 세웠어요. 지금은 숭례문, 흥인지문, 숙정문, 광희문,

숭례문(국보 1호)

창의문만 남아 있어요. 일제 강점기에 일본이 도로를 넓힌다는 핑계로 모두 없애 버렸기 때문이에요.

숭례문은 한양의 정문으로, 정문이라는 의미와 함께 다른 문보다 크고 아름다워서 국보 1호가 됐어요. 숭례문의 현판은 다른 문들과 다르게 세로로 쓰여 있어요. 숭례문이 바라보고 있는 관악산이 불의 기운이 강해 그 기운을 아래로 누르려고 세로로 쓴 것이래요.

숭례문의 현판

흥인지문은 한양의 동쪽 문으로 보물 1호예요. 흥인지문에는 반원 모양의 옹성이 있는데, 이 옹성은 적이 침입하기 쉬운 성문을 튼튼히 지키기 위하여 쌓은 작은 성이에요.

흥인지문의 현판

흥인지문의 이름에는 재미있는 얘기가 있어요. 다른 성문들은 모두 이름이 세 글자인데 흥인지문만 네 글자예요. 한양의 지형은 동쪽이 낮아 *풍수지리설에 따라 낮은 지형의 약점을 보완하려고 '지(之 어조사 지)' 자를 넣어 네 글자로 만들었대요.

*풍수지리설은 집이나 무덤의 위치, 방향이 인간의 길흉화복에 영향을 미친다는 사상이에요.

흥인지문(보물 1호)

3장 교과서 속 문화유산 2 | 조선 사적 117호

경복궁 조선의 대표 궁궐

경복궁은 조선을 세운 태조 이성계가 만든 조선의 첫 궁궐이에요. 경복궁은 풍수지리설에 따라 북악산을 뒤로 하고 한강이 앞에 흐르는 명당에 자리 잡았어요. '경복'이라는 이름은 왕과 왕실, 나라 전체가 큰 복을 누리기를 빈다는 뜻이래요.

조선의 중심 궁궐이던 경복궁은 임진왜란 때 불타 폐허가 되었어요. 그러다 조선 말기인 고종 때에 다시 지어졌어요. 태조 때는 390여 칸이었던 경복궁을 이때 7,200여 칸으로 지어 매우 웅장하게 만들었어요. 궁궐을 크게 늘린 것은 약해진 왕의 권위를 강하게 만들려고 한 것이래요.

광화문은 경복궁의 정문이에요. 석축의 세 개의 문 중에 가운데 문은

맨 앞에 보이는 광화문은 경복궁의 정문이야.

왕만 사용하는 문이지요.

　궁궐 안에는 왕과 왕비, 왕족들의 생활 공간, 왕과 신하들이 나랏일을 의논하는 곳, 신하들이 사무를 보는 곳, 궁녀와 내시들의 생활 공간 등이 있어요. 경복궁은 3,000여 명의 사람들이 일하고 생활하는 곳이었어요.

　일제 강점기에는 일본이 조선 왕조의 권위를 무너뜨리려고 조선 왕조의 상징인 경복궁을 훼손했어요. 이때 대부분의 건물들이 없어져서 지금은 근정전 등 몇몇 건물만 남아 있어요. 게다가 일본은 경복궁의 중심 건물인 근정전 앞에 조선 총독부 건물을 지어 궁궐을 가리기까지 했어요. 다행히 경복궁의 모습을 되살리기 위해 1990년부터 복원이 시작됐어요. 조선 총독부 건물을 철거하고 왕의 침실이 있는 강녕전, 왕비의 침실이 있는 교태전, 세자의 거처인 동궁, 건청궁 등을 복원하여 옛 모습을 찾아가고 있답니다.

조선의 대표 궁궐, 경복궁

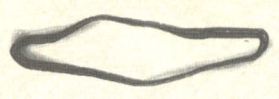

경복궁은 수많은 건물들로 이루어져 있어요. 또 건물마다 '~전', '~당' 등의 이름이 붙어 있어요. '~전'은 왕이 사용한 건물이고, '~당'은 왕보다 신분이 낮은 사람이 사용한 건물이에요.

근정전(국보 223호)

왕과 신하들이 모여 왕의 즉위식, 세자의 책봉식 같은 나라의 큰 행사를 치르던 곳이에요. 근정전 앞에는 벼슬 등급이 적힌 돌(품계석)이 양쪽으로 늘어서 있어요. 동쪽에는 문관, 서쪽에는 무관이 품계 순서로 줄을 섰었어요. 가운데에 약간 높이 나 있는 길은 왕이 다니는 길(어도)이었답니다.

정9품 자리군!

품계석

근정전의 내부
겉에서는 2층처럼 보이지만, 내부는 층이 없고 천장이 높아 웅장해요. 가운데가 왕의 자리예요.

강녕전에는 정말 용마루가 없네?

사정전 (보물 1759호)
왕의 집무실로 신하들과 나랏일을 의논하던 곳이에요.

용마루의 위치

용마루

경회루 (국보 224호)
왕이 잔치를 열던 곳이에요. 사방이 트여 있어 바람을 맞으며 경치를 보고 시를 짓는 등의 풍류를 즐겼어요.

강녕전
왕의 침실이 있는 건물이에요. 용, 곧 왕이 자는 곳이기 때문에 지붕에 용마루가 없어요.

거북선 조선의 최강 병기

조선 선조 때 일본이 조선에 쳐들어와 임진왜란이 일어났어요. 임진왜란에서 이순신 장군이 이끄는 조선의 수군은 일본군과 싸워 40여 차례의 전투에서 모두 승리했어요. 이때 크게 활약한 것이 바로 거북선이에요.

일본 수군이 잇따라 패배하자 일본의 권력자인 도요토미 히데요시는 이렇게 말했다고 해요. "조선 수군을 만나면 싸우지 말고 무조건 피하라!" 그 정도로 조선 수군은 일본군에게 무서운 존재였어요.

조선의 전함이 모두 거북선은 아니에요. 대부분은 판옥선이고, 거북선은 돌격할 때 사용한 배랍니다. 임진왜란 당시 세 척의 거북선이 활약했다고 해요. 또 판옥선은 2층으로 된 전함으로, 화포를 쏘아도 그 힘에 흔들리지 않을 만큼 크고 튼튼했어요.

거북선

판옥선

거북선은 판옥선에 거북 모양의 덮개를 얹어 만들었어요. 덮개 덕분에 조선 수군은 적의 조총에 맞을 위험 없이 적군 사이사이를 누비며 마음껏 공격할 수 있었어요. 또 덮개 위에 쇠못을 촘촘히 박아 놓아 일본 수군이 거북선으로 뛰어들지 못하게 했어요. 거북선은 120명 정도가 탈 수 있었다고 해요.

거북선의 단면(상상도)

거북선은 용처럼 생긴 앞머리에서는 대포를, 좌우 옆면에서는 화포를 쏠 수 있었어요. 전투가 시작되면 거북선이 적진의 한가운데로 돌진해 화포를 쏘아 적의 대열을 혼란스럽게 했어요. 그러면 판옥선이 그 뒤를 따라가며 공격해 일본 전함을 물리쳤지요.

거북선은 다른 나라에는 없는 우리나라 고유의 전함이에요. 또 외국인들도 칭찬하는 막강한 병기랍니다.

교과서 속 문화유산 2 | 조선 경주 석빙고 · 보물 66호

석빙고 조선의 냉장고

우리 조상들도 지금의 우리처럼 한여름에 얼음을 먹었대요. 그때는 냉장고도 없었을 텐데 어떻게 얼음을 먹었을까요?

비밀은 바로 빙고에 있어요. 빙고는 신라 지증왕 때에도 있었다는 기록이 있어요. 하지만 현재 남아 있는 것은 조선 시대에 만들어진 것이에요. 조선의 빙고는 돌로 만들어져서 석빙고라고 해요. 석빙고는 경주, 안동, 창녕 등에 남아 있어요.

석빙고에 어떻게 얼음을 녹지 않게 보관했을까요?

석빙고는 지하에 땅굴을 파고 돌을 쌓아 만들었어요. 천장은 무지개 모양으로 반쯤 둥글게 만들었어요. 이를 홍예라고 해요. 더운 공기는 홍예와 홍예 사이에 있다가 위에 있는 환기구를 통해 밖으로 빠져나갔어요. 홍예 덕분에 석빙고 안의 차가운 공기는 아래로, 더운 공기는 위로 모이는 대류 현상이 일어나 석빙고 안은 시원해요.

밖에서 보면 석빙고는 무덤처럼 보여요. 석빙고 안으로 비가 스며들지 않게 하려고 돌로 된 지붕에 석회와 진흙을 바르고, 그 위에 흙을 덮어 잔디를 심었기 때문이에요. 잔디는 열을 차단하는 효과도 있어요.

얼음의 온도를 차갑게 유지하는 비법도 있어요. 얼음을 종이에 싸서 쌓고 그 위에 짚이나 왕겨를 덮어 두는 것이에요. 이렇게 하면 저장 기간이 보통 얼음보다 4~5배나 길어진대요. 과학적으로 설계된 석빙고 덕분에 조상들은 더운 여름에 시원한 얼음을 먹을 수 있었답니다.

경주 석빙고(보물 66호)의 외부
지붕 위에 잔디를 깔아서 태양열을 받아 뜨거워지는 것을 막았어요.

입구에 쓰인 글씨
石(돌 석), 氷(얼음 빙), 庫(창고 고), 돌로 만든 얼음 창고라는 뜻이에요. 한자를 만든 중국의 영향으로 오른쪽에서 왼쪽으로 글자를 썼어요.

경주 석빙고의 환기구

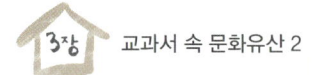

조선
앙부일구 · 보물 845호, 휴대용 앙부일구 · 보물 852호
창경궁 자격루 · 국보 229호, 금영 측우기 · 보물 561호, 대구 선화당 측우대 · 보물 842호

조선의 과학 문화재
조선의 빛나는 과학 기술

"에이, 이게 뭐야. 시시해." 선조들이 남긴 과학 문화재를 보고 실망하는 사람도 있어요. 하지만 현재의 첨단 과학 기술도 과거의 과학 기술들이 쌓은 기초 위에서 이루어진 것이에요. 그래서 과학 문화재를 볼 때에는 그 당시의 환경에서 생각해야 가치를 제대로 알 수 있어요.

예를 들어 내린 비의 양을 측정하는 측우기는 언뜻 보면 눈금이 달린 깡통처럼 보여요. 하지만 그 당시는 흙을 만져 보고, 발에 차이는 느낌으로 비의 양을 추측했을 때예요. 이때 비의 양을 정확하게 알려 주는 측우기는 획기적인 과학 발명품이었어요. 첨단 과학이 발달한 현재까지도 측우기의 원리를 이용해 비의 양을 측정하고 있답니다. 현재에도 사용되는 과학 기술의 원리를 그 당시에 생각해 냈다니, 대단하지 않나요?

그럼 선조들이 발명한 뛰어난 과학 문화재는 또 어떤 것들이 있을까요?

절기까지 알려 주는 해시계, 앙부일구

앙부일구는 마치 대접처럼 생긴 해시계예요. '앙부'는 가마솥같이 오목한 모습을 말하고, '일구'는 해그림자라는 뜻이에요. 앙부일구는 중국 원나라의 해시계(앙의)를 참고해 세종 대왕 때에 장영실, 이천 등이 만들었어요. 하지만 앙부일구는 중국의 것과 원리와 형태가 다른 조선의 독창적인 해시계예요. 세종대왕은 앙부일구를 대궐 뿐 아니라 혜정교와 종묘 앞에 놓게 해 일반 백성들도 볼 수 있게 했어요. 세종 대왕 때의 해시계는 현재 남아 있지 않고 17, 18세기에 만든 것이 남아 있어요.

앙부일구는 그림자 끝의 위치를 보고 시간을 알 수 있게 만들어졌어요. 그리고 글자를 모르는 사람들을 위해 각 시간을 나타내는 십이지 동물 그림을 넣기도 했어요. 앙부일구는 땅에 놓는 것과 가지고 다닐 수 있는 것(휴대용), 두 가지가 있어요.

원래 해시계는 하루의 시간을 측정하는 것이지만 앙부일구는 계절의 기준이 되는 절기까지 알 수 있게 해 주었어요. 앙부일구에 나타난 해그림자의 길이로 절기를 파악할 수 있지요.

막대를 세워 일 년 내내 관측해 보면 그림자의 길이가 날마다 변하는 것을 볼 수 있어요. 그리고 다음 해의 같은 날이 되면 신기하게도 그림자는 같은 길을 지나가요. 조선 사람들은 이런 과학적 원리를 알고, 이 원리를 이용해 절기까지 알려 주는 해시계를 만든 거예요.

휴대용 앙부일구 (보물 852호)

앙부일구 (보물 845호)
시간을 알려 주는 자, 축, 인, 묘……
글자가 쓰여 있어요.

몇 시일까?

3장 교과서 속 문화유산 2 | 조선
앙부일구·보물 845호, 휴대용 앙부일구·보물 852호
창경궁 자격루·국보 229호, 금영 측우기·보물 561호, 대구 선화당 측우대·보물 842호

스스로 울리는 물시계, 자격루

앙부일구는 흐린 날이나 밤에는 시간을 측정할 수 없어요. 이런 불편함 때문에 물시계가 만들어졌어요. 그런데 물시계도 단점이 있었어요. 물시계는 그것을 지켜보고 있다가 시간을 알려 줘야 하는데, 이 일을 맡은 사람이 밤에는 졸다가 시간을 알려 주는 것을 깜박 잊고는 했어요.

그래서 자동으로 시간을 알려 주는 자격루가 발명됐어요. 자격루는 '스스로 치는 물시계'라는 뜻이에요.

자격루는 물이 물통 속으로 흘러 들어가면 물통 속에 있는 대가 점차 떠오르는 원리를 이용했어요. 대가 일정한 높이로 떠올라 지렛대를 툭 치면, 쇠구슬이 떨어지면서 시간을 알리는 장치를 움직여요. 자격루는 시, 경, 점이라는 시간 단위에 따라 종, 북, 징을 자동으로 울렸어요. 또 나무 인형이 들어 있어서 인형이 나와 시간을 알려 주기도 했어요.

옛날에 어떻게 이런 걸 발명했을까?

창경궁 자격루 (국보 229호)
시간을 알려 주는 장치는 남아 있지 않아요.

자격루의 복원 모습
시간을 알려 주는 장치까지 복원한 모습이에요.

내린 비의 양을 알려 주는 측우기

비는 농사에 큰 영향을 끼쳐요. 그래서 세종 대왕은 비가 오는 양을 정확하게 측정하는 측우기를 만들게 했어요. 측우기는 항아리에 빗물이 고이는 것을 보고 그 원리를 이용해 만들었다고 해요.

또 세종 대왕은 측우기를 나라 전체에 설치해 비 온 양을 수시로 재어 기록하게 했어요. 이 기록을 지역별, 계절별로 만들어 다음 해의 비의 양을 예측하기 위해서였어요. 측우기의 발명도 대단하지만 측우기를 체계적으로 활용해 기상을 예측한 조상들의 지혜가 놀라워요.

조선의 측우기는 세계 최초이기도 해요. 우리는 1442년에 측우기를 이용해 비가 얼마나 내렸는지를 측정한 기록이 있어요. 다른 나라에서는 1639년에 이르러서야 이탈리아에서 측우기를 사용했어요. 우리가 측우기를 사용한 것보다 200년 정도 지난 뒤의 일이에요.

금영 측우기(보물 561호)
현재 남아 있는 유일한 측우기로 헌종 때에 만들었어요.

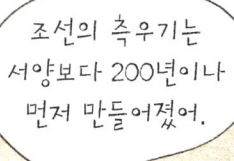

조선의 측우기는 서양보다 200년이나 먼저 만들어졌어.

대구 선화당 측우대(보물 842호)와 측우기

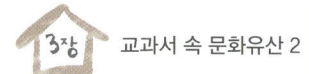
| 조선
대동여지도·보물 850, 850-2~3호, 대동여지도 목판·보물 1581호

대동여지도 목판에 새긴 정확한 우리나라 지도

오늘날 우리는 모르는 곳을 찾아갈 때 내비게이션의 도움을 받지만, 옛날에는 지도를 활용했어요. 특히 전쟁 때나 돌아다니며 장사할 때 지도가 꼭 필요했어요.

김정호는 평생을 바쳐 우리나라 전체를 담은 대동여지도를 만들었어요. 김정호가 전국을 돌아다니며 대동여지도를 만들었다는 얘기가 있어요. 하지만 실제로 김정호는 규장각 등 정부 기관에 있는 지도와 민간 지도, 여러 자료 등을 살피고 분석해서 대동여지도를 만들었다고 해요.

김정호는 대동여지도를 목판으로 만들어 계속 인쇄해서 쓸 수 있게 했어요. 목판으로 인쇄하면 손으로 지도를 본뜰 때 생기는 실수도 막고, 지도를 많이 만들어 널리 퍼뜨릴 수 있는 장점이 있어요.

대동여지도는 가로 3.8m, 세로 6.7m로 크기가 아주 커요. 그래서 사람들이 사용하기 편리하도록 22개의 접히는 책으로 분리되게 만들었어요. 또 대동여지도는 현재의 지도처럼 축척을 사용했어요. 우리나라를 약 16만 2,000분의 1의 비율로 축소해서 만들었지요. 게다가 중요한 성곽, 마을, 길 등을 특정한 기호로 표시했어요. 이것은 현재 지도의 범례와 같은 것이에요.

이렇게 대동여지도는 현재 우리가 쓰는 지도와 아주 비슷해요. 실제로 대동여지도는 정말 정확해서 옛날 지도라는 게 믿기지 않는답니다.

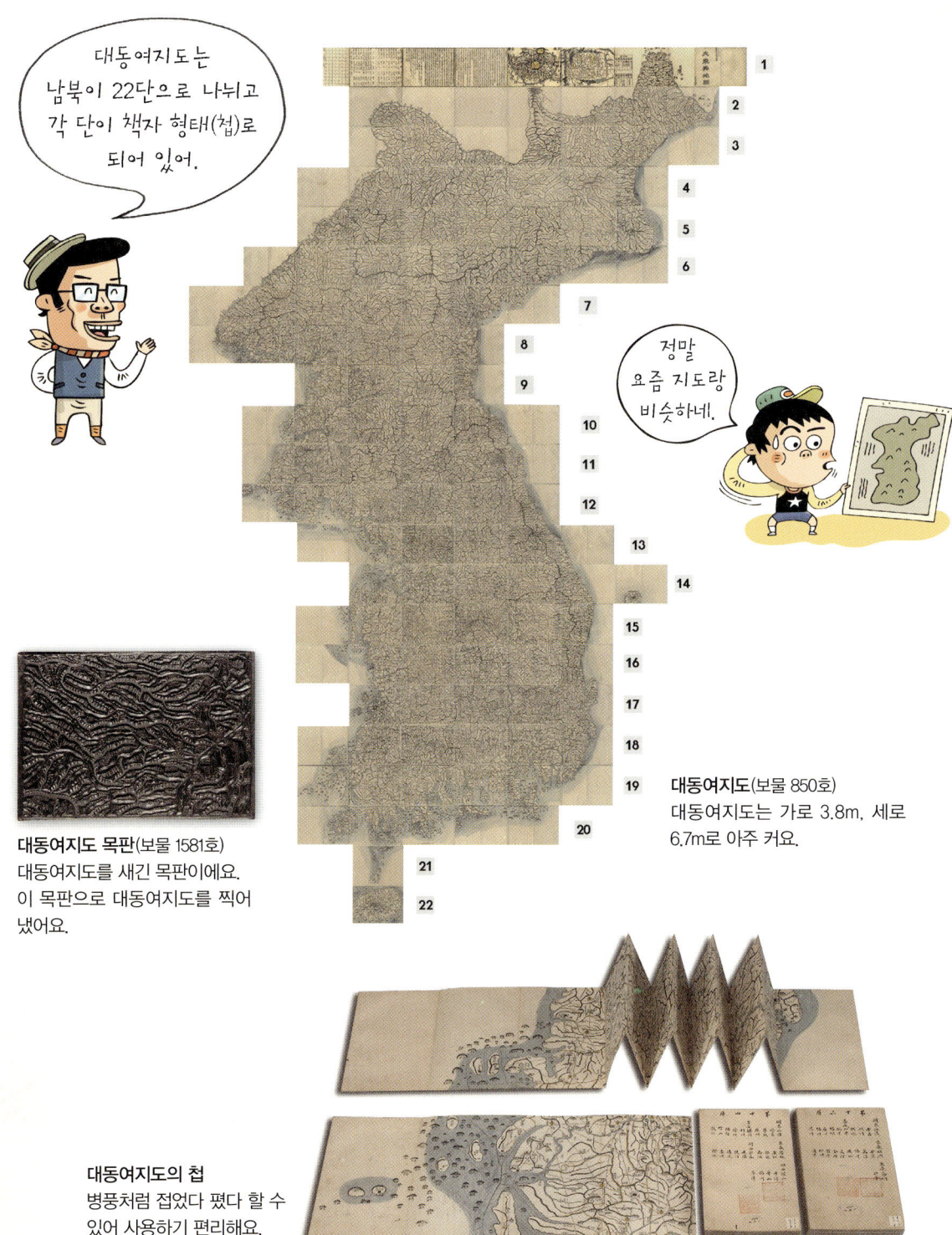

대동여지도는 남북이 22단으로 나뉘고 각 단이 책자 형태(첩)로 되어 있어.

정말 요즘 지도랑 비슷하네.

대동여지도 목판(보물 1581호)
대동여지도를 새긴 목판이에요. 이 목판으로 대동여지도를 찍어 냈어요.

대동여지도(보물 850호)
대동여지도는 가로 3.8m, 세로 6.7m로 아주 커요.

대동여지도의 첩
병풍처럼 접었다 폈다 할 수 있어 사용하기 편리해요.

3장 교과서 속 문화유산 2

조선
〈서당〉, 〈무동〉 - 《김홍도필 풍속도 화첩》· 보물 527호 중 일부
〈단오풍정〉 - 《신윤복필 풍속도 화첩》· 국보 135호 중 일부, 〈인왕제색도〉· 국보 216호

풍속화, 민화, 진경 산수화

조선 회화의 르네상스

조선 후기에는 나라가 안정되고 경제가 발전해 사람들이 여유로운 생활을 할 수 있었어요. 특히 농촌 경제가 성장하면서 서민들 중에는 부를 축적한 사람들이 생겨났어요. 부유한 서민들은 문화에 관심을 갖게 됐지요. 그래서 춘향전 같은 한글 소설과 서민들의 소망을 담은 민화가 등장했어요. 서민들의 생활을 그린 풍속화도 유행하기 시작했지요. 또 화가들은 문화적인 자신감으로 산수화를 중국처럼 그리지 않고 우리나라에 실제 있는 자연을 그대로 묘사하였어요. 이것이 진경 산수화예요.

서민들의 생활 모습이 담긴 풍속화

풍속화는 서민들이 생활하는 평범한 모습을 그린 그림이에요. 그래서 풍속화를 보면 옛날 사람들이 어떤 옷을 입고, 어떤 생활을 했는지 생생하게 알 수 있어요.

풍속화를 특히 잘 그린 두 명의 화가가 있어요. 김홍도와 신윤복이에요.

풍속화의 대가로 불리는 김홍도는 백성들의 소박한 생활 모습들을 구수하고 정감 있게 그렸어요. 〈서당〉, 〈씨름〉, 〈무동〉 등의 그림을 보면 사람들의 표정까지 섬세하고 익살스럽게 표현되어 있어요.

신윤복은 주로 남녀 사이의 사랑이나 여인들의 생활 모습을 그렸어요. 〈미인도〉, 〈단오풍정〉 등을 보면 감각적이면서도 세련된 신윤복의 화풍을 느낄 수 있답니다.

"난 인물을 강조하려고 배경을 그리지 않았어."

김홍도의 〈서당〉(보물 527호)
서당에서 훈장님에게 가르침을 받는 아이들의 모습을 그렸어요.

김홍도의 〈무동〉(보물 527호)
여러 악기의 장단에 맞추어 춤을 추는 소년의 모습을 그렸어요.

"난 색을 쓰는 걸 좋아해."

신윤복의 〈단오풍정〉(국보 135호)
단옷날에 계곡에서 씻고 노는 여인들의 모습을 그렸어요.

교과서 속 문화유산 2

조선
〈서당〉, 〈무동〉-《김홍도필 풍속도 화첩》·보물 527호 중 일부
〈단오풍정〉-《신윤복필 풍속도 화첩》·국보 135호 중 일부, 〈인왕제색도〉·국보 216호

백성들의 그림, 민화

민화는 백성들이 일상생활이나 종교 생활에 필요한 것을 그린 그림이에요. 민화는 주로 벽에 붙이거나 병풍을 만들어 사용했어요. 민화에는 오래 살기를 바라는 마음 같은 백성들의 소원이 담겨 있어요. 그래서 민화에는 백성들의 소박한 정서가 잘 표현되어 있어요.

대부분의 민화는 그린 사람이 누구인지 몰라요. 민화는 그림의 소재에 따라 여러 가지 종류로 나뉘고, 담겨 있는 의미도 다르답니다.

책을 중심으로 문방구 종류 등을 그린 〈책가도〉에는 늘 책을 가까이하라는 의미가, 꽃과 새를 그린 〈화조도〉에는 부부가 사이좋게 지내며 자식을 많이 낳으라는 의미가 담겨 있어요. 이 밖에도 호랑이, 해, 달, 나무, 물고기 등을 그린 여러 가지 민화가 있어요.

실제 경치를 그린 진경 산수화

산과 나무, 폭포 같은 자연 풍경을 그린 그림을 산수화라고 해요. 조선 후기 이전의 화가들은 대체로 중국의 산수화를 본보기로 삼아 그리거나, 신선이 사는 세계 등을 상상하여 관념적으로 산수화를 그렸어요.

하지만 조선 후기에는 우리나라의 아름다운 자연을 그린 진경 산수화가 크게 유행했어요. 진경 산수화의 대가로 알려진 사람은 정선이에요.

정선은 금강산을 한눈에 내려다본 듯이 〈금강전도〉를 그렸고, 비가 갠 뒤의 인왕산의 모습을 보고 〈인왕제색도〉를 그렸지요. 이 그림들은 무척 사실적으로 표현됐어요.

진경 산수화는 중국의 산수화와 다른 조선만의 독특한 그림이랍니다.

〈책가도〉
책을 가까이하려는 마음이 담긴 그림이에요.

정선의 〈인왕제색도〉(국보 216호)
비가 갠 뒤에 안개 낀 인왕산의 모습을 사실적으로 그렸어요.

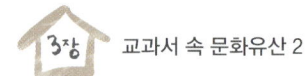

조선
하회탈 및 병산탈 · 국보 121호
하회 별신굿 탈놀이 · 중요 무형 문화재 69호

하회탈과 하회 별신굿 탈놀이

백성들의 마음을 풀어 준 놀이

조선 사람들은 양반, 중인, 평민, 천민의 신분으로 구분됐어요. 양반은 다른 신분들을 지배하며 부와 권력을 누리고, 나머지는 힘든 일을 하거나 차별 대우를 받았지요. 게다가 신분이 낮은 사람들은 억울한 일이나 불만이 있어도 하고 싶은 말을 마음껏 할 수 없었어요. 하지만 탈놀이 때는 탈을 쓰면 얼굴이 가려져서 속마음을 터놓고 말할 수 있었지요.

이런 탈놀이는 전국적으로 여러 지역에 있었어요. 그중에 하회 별신굿 탈놀이는 양반의 고장으로 유명한 경상북도 안동에 있는 하회 마을의 탈놀이에요. 약 500년 전부터 전해 내려왔어요.

하회 별신굿 탈놀이는 5~10년에 한 번씩 정월 대보름에 서낭신에게 별신굿을 올리고서 벌인 가면극이에요. 이 탈놀이는 여덟 개 마당의 가면극인데, 주된 내용은 양반에 대한 풍자예요. 하회 별신굿 탈놀이에는 주지승, 각시, 양반, 백정, 할미 등의 탈을 쓴 사람들이 나와요. 여러 신분에 속하는 사람들의 모습을 탈에 나타낸 것이에요. 또 탈마다 독특한 특징과 기쁨, 슬픔, 즐거움, 노여움 등의 다양한 표정이 세련된 조각 솜씨로 잘 표현되어 있어요.

하회탈은 우리나라에서 가장 오래된 탈이기도 해요. 다른 지역의 탈은 종이나 박으로 만들어 오래 보존될 수 없었어요. 게다가 탈놀이가 끝나면 탈을 태워 버렸기 때문에 남아 있는 것이 별로 없지요. 하지만 하회탈은 단단한 오리나무로 만들어 지금까지 남아 있을 수 있었다고 해요.

양반 선비 마당

양반과 선비가 서로 학문을 자랑하는 장면이야.

하회탈의 종류

주지탈 · 양반탈 · 선비탈

백정탈 · 초랭이탈 · 중탈 · 할미탈

각시탈 · 부네탈 · 이매탈

신문과 뉴스 속 문화유산

북한에 있는 우리 문화유산

단군이 세운 고조선에 속했던 북한 땅에는 고조선의 청동기 관련 문화재가 많이 남아 있다. 또한 고구려의 수도였던 평양, 고려의 수도였던 개성에도 많은 문화유산들이 남아 있다.

평양에는 고구려를 세운 동명왕의 무덤인 동명왕릉과 궁궐터인 안학궁터, 고구려를 지켜 준 최적의 방어 요새 평양성, 대성산성 등이 있다.

개성에는 고려의 자취를 엿볼 수 있는 문화유산이 많다. 이곳에는 고려를 세운 왕건의 무덤인 현릉과 고려의 궁궐터인 만월대, 고려의 충신 정몽주가 죽은 선죽교 등이 있다.

또 북한과 중국에 남아 있는 고구려 고분들은 유네스코 세계 문화유산으로 등재되어 있다. 유네스코가 고구려의 고분 벽화와 고분을 만드는 기술, 독창적인 매장 풍습 등의 가치를 인정한 것이다. 북한에서는 덕화리 고분, 약수리 고분, 쌍영총 등이 등재되었고, 중국에서는 광개토 대왕릉을 비롯한 13*기의 왕릉과 무용총이 포함된 26기의 무덤이 등재됐다.

아쉽게도 남과 북이 분단된 지금은 북한에 있는 문화유산을 보러 갈 수 없다. 하지만 2006년에는 북한의 국보급 문화유산들이 우리나라에서 전시되기도 했다. 북한의 문화유산 전시회가 다시 열리길 기대해 보자.

*기는 무덤을 세는 단위이다.

와~, 평양성이 이렇게 생겼구나!

평양성
튼튼한 성벽으로 고구려를 지켜 준 요새. 사진은 평양성의 가장 북쪽에 위치한 을밀대의 모습이다.

대동문
고구려 평양성 내성의 동문.
조선 시대에 다시 세워졌다.

선죽교
고려의 충신 정몽주가 이성계의 부하에게 죽임을 당한 다리.

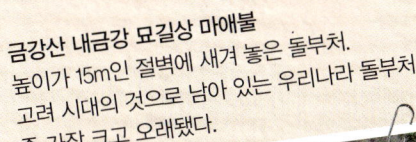

금강산 내금강 묘길상 마애불
높이가 15m인 절벽에 새겨 놓은 돌부처. 고려 시대의 것으로 남아 있는 우리나라 돌부처 중 가장 크고 오래됐다.

현릉 고려를 세운 태조 왕건의 능이다.

4장

세계 문화유산과
세계 자연 유산

우리나라의
유네스코 세계 유산 1

우리의 독창적인 문화유산은 이제 세계에서도 인정받아 유네스코
세계 유산으로 등재되고 있어요. 세계 유산으로 등재된 우리의
문화유산은 이제 우리 민족의 자산을 넘어서 온 인류의 것이 됐어요.
이 일로 이제 우리의 문화적 자부심을 키우고 인류의 자산이 된
세계 유산을 잘 보존하는 데도 관심을 기울여야겠어요.
또 우리의 문화유산이 계속 세계 유산으로 등재될 수 있도록
우리 문화유산을 아끼고 사랑하는 것도 잊지 않도록 해요.

4장 우리나라의 유네스코 세계 유산 1

선사 시대
세계 문화유산
고창 죽림리 지석묘군 · 사적 391호, 화순 효산리와 대신리 지석묘군 · 사적 410호,
강화 부근리 지석묘 · 사적 137호

고창·화순·강화 고인돌 유적
청동기 시대의 무덤

전 세계의 고인돌 중에 거의 절반 정도가 우리나라에 있다는 사실, 알고 있었나요?

우리나라의 고인돌은 형태가 다양하고 보존도 잘 돼 있어요. 그래서 유네스코에서는 우리나라에서 고인돌이 가장 많은 강화도와 전라북도 고창, 전라남도 화순 지역의 고인돌 유적을 세계 문화유산으로 지정했어요.

고인돌은 청동기 시대에 만든 무덤이에요. 큰 돌 아래에 돌을 고여 만들었다고 해서 고인돌이라고 부르지요. 고인돌은 크기가 작은 것도 있지만 아주 커다란 바위를 얹어 놓은 것도 있어요. 청동기 시대의 사람들은 어떻게 이렇게 큰 돌을 날랐을까요? 또 고인돌은 누구의 무덤일까요?

고인돌은 아래를 받치는 받침돌과 그 위를 덮는 덮개돌로 되어 있어요. 커다란 덮개돌은 나르는 데 800명 정도가 필요한 것도 있다

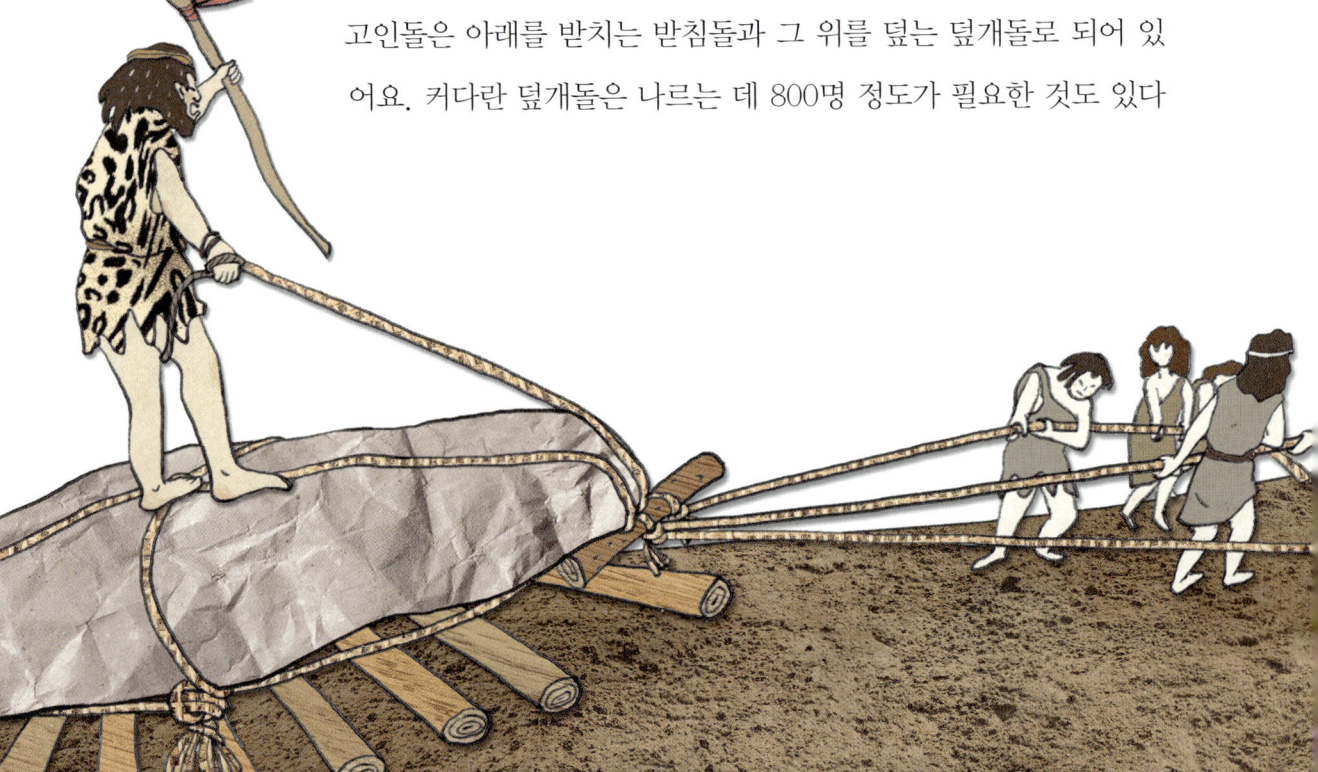

고 해요. 이렇게 많은 사람을 동원하려면 무덤의 주인이 큰 권력을 가진 사람이어야 해요. 그래서 학자들은 고인돌의 주인이 청동기 시대의 지배자인 족장이라고 얘기해요.

고인돌의 주인이 족장이라는 증거가 또 있어요. 고인돌에서는 사람의 뼈와 함께 청동으로 만든 검과 방울이 발견됐어요. 이것들은 하늘에 바치는 제사를 주관하는 제사장의 것인데, 청동기 시대는 족장이 정치적 지배자와 제사장의 역할을 같이한 제정일치 사회였어요. 청동기 시대의 사람들은 자연에 의지하는 마음이 커서 제사를 중요하게 생각했어요. 그만큼 제사장인 족장의 힘도 컸지요.

이렇게 청동기 시대에는 족장의 영향력이 대단했어요. 그래서 족장이 죽었을 때 온 부족 사람들이 동원되어 족장의 무덤인 고인돌을 만든 거예요.

고창 고인돌

고인돌을 어떻게 만들었을까?

"영차! 영차!" 이게 무슨 소리일까요? 청동기 시대 사람들이 죽은 족장의 무덤을 만들기 위해 무거운 돌을 나르고 있어요. 기계도 없던 때에 어떻게 무거운 돌을 올리고, 고인돌을 만들었는지 살펴볼까요?

① 적당한 크기의 받침돌을 구해서 땅을 파고 세워요.

② 두 개나 네 개의 받침돌을 같은 높이로 세우고, 받침돌이 파묻힐 만큼 흙을 덮어 작은 언덕을 만들어요.

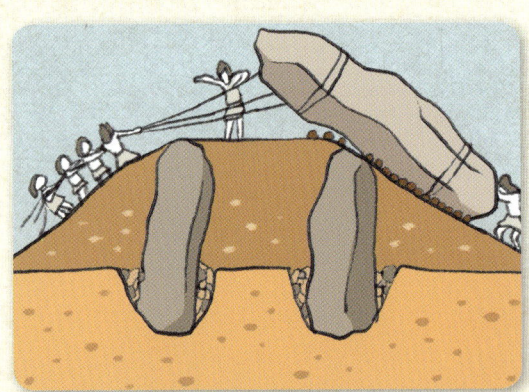

③ 커다란 덮개돌을 구해요. 덮개돌 밑에 여러 개의 통나무를 깔아 덮개돌을 끌어 올려요.

④ 흙을 치운 뒤 뒷면을 막음돌로 막고 가운데에 족장의 시신을 넣어요. 앞면을 막음돌로 막으면 탁자식 고인돌이 완성돼요. 현재 남아 있는 고인돌의 대부분은 막음돌이 없어진 상태예요.

여러 가지 고인돌의 모양

고인돌은 모양에 따라 탁자식, 바둑판식, 개석식으로 구분해요.
모양은 다르지만 대부분 받침돌 사이에 족장의 시신을 넣었어요.

탁자식 고인돌

높은 받침돌을 사용한 고인돌. 받침돌 안에 시신을 넣고 두 장의 막음돌로 앞면과 뒷면을 막아요. 우리나라 북쪽 지역에 많아서 '북방식'이라고도 해요.

바둑판식 고인돌

낮은 받침돌을 사용한 고인돌. 땅을 판 후 돌로 방을 만들고 그 안에 시신을 넣었어요. 우리나라 남쪽 지역에 많아서 '남방식'이라고도 불러요.

개석식 고인돌

받침돌 없이 덮개돌만 사용한 고인돌. 바둑판식 고인돌처럼 땅속에 방을 만들어 시신을 넣었어요.

123

4장 우리나라의 유네스코 세계 유산 1
신라, 통일 신라
세계 문화유산

경주 역사 유적 지구
신라 천년의 역사가 숨 쉬는 곳

《삼국사기》에 따르면 경주는 기원전 57년부터 서기 935년까지 약 천 년 동안 이어진 신라의 수도였어요. 신라는 안정된 국가 기반과 경제력으로 매우 화려하고 찬란한 과학과 문화 예술을 꽃피웠어요.

신라 전성기 때의 경주는 90만 명 정도가 살았을 만큼 큰 도시였어요. 또 중국과 일본, 서아시아와도 활발히 교류한 국제 도시였어요. 그래서 경주는 도시 전체가 박물관이라고 불러도 될 정도로, 중요한 문화유산이 곳곳에 퍼져 있어요. 경주는 세계 십대 역사 유적 도시 중의 하나이기도 해요. 유네스코에서도 그 가치를 인정해 경주 역사 유적 지구라는 이름으로 세계 문화유산에 지정했어요.

경주 역사 유적 지구는 남산 지구, 월성 지구, 대릉원 지구, 황룡사 지구, 산성 지구로 나뉘어요.

남산 지구는 신라의 건국 설화에 나오는 나정과 포석정, 배리 삼존 석불 입상, 삼릉 계곡 마애 관음보살상 등 수많은 불교 유적들이 있어요.

월성 지구에는 신라 왕궁이 있었던 월성과 임해전터, 신라 김씨 왕조의 시조인 김알지가 태어난 계림, 첨성대 등이 있어요.

대릉원 지구에는 왕과 왕비, 귀족들의 무덤들이 무리 지어 있어요.

황룡사 지구에는 황룡사가 있던 절터가 있는데, 여기에서 출토된 유물들은 당시의 역사를 연구하는 중요한 자료가 되고 있어요.

산성 지구에는 신라의 성 쌓는 기술을 알 수 있는 명활산성이 있어요.

4장 우리나라의 유네스코 세계 유산 1

통일 신라
세계 문화유산
사적 502호

불국사
신라가 만든 부처님의 세계

경주 토함산 언덕 위에 있는 불국사는 신라 사람들이 생각하는 부처님의 세계를 만든 것이에요. 신라 사람들은 신앙심이 깊어 불국사를 정성스럽게 만들었어요. 그래서 불국사는 아름다운 불교 예술의 극치를 보여 준답니다. 불국사에는 신라 사람들의 불교에 대한 열정과 뛰어난 예술혼이 담겨 있어서 석굴암과 함께 유네스코 세계 문화유산으로 등재됐어요.

불경에 따르면 부처님의 세계로 가려면 물을 건너고 구름 위로 올라가야 한다고 해요. 그래서 신라 사람들은 불국사 입구에 있던 연못 위에 아름다운 계단을 만들고 청운교(푸른 구름 다리)와 백운교(흰 구름 다리)라고

인간 세상과 부처님의 세계를 연결하는 다리야.

청운교와 백운교(국보 23호), **자하문**

불렀어요.

청운교와 백운교의 계단을 모두 합하면 33개인데, 이 숫자는 불교에서 깨달음에 이르는 33개의 단계를 상징해요. 청운교와 백운교를 올라가서 자하문을 열면 석가탑과 다보탑, 대웅전을 만날 수 있어요.

청운교와 백운교의 맞은편에도 연화교와 칠보교라는 다리가 있어요. 이 다리를 올라가면 극락전이 나와요. 그래서 신라 시대에 연화교와 칠보교는 죽은 사람의 극락왕생을 기원하는 사람들로 항상 붐볐다고 해요.

이 밖에도 불국사에는 여러 부처님을 모시는 전각과 석가탑, 다보탑 등의 많은 문화유산들이 있어요.

불국사의 전경

불국사에 깃든 신라인의 예술혼

부처님의 세계를 표현한 불국사에는 신라 사람들의 예술성과 불교를 향한 열정을 볼 수 있는 많은 문화유산들이 있어요.

불국사 대웅전(보물 1744호) 석가모니를 모시는 전각으로 불국사의 중심 건물이에요. 대웅전 앞에 있는 석등은 팔각 모양인데, 통일 신라 시대에 유행하던 석등의 모습을 보여 줘요.

현재의 불국사는 임진왜란 때 불에 타서 조선 후기에 다시 지은 것이에요.

연화교와 칠보교(국보 22호), **안양문**
아미타불을 모신 극락전으로 들어가는 다리와 문이에요. 연화교에는 계단마다 연꽃잎이 새겨져 있어요.

불국사 금동 비로자나불 좌상(국보 26호)
비로전에 있는 불상이에요. 세련된 통일 신라 불상의 모습을 볼 수 있어요.

김대성의 효심이 배어 있는 불국사와 석굴암

《삼국유사》에는 불국사와 석굴암을 세운 김대성의 이야기가 실려 있어요. 그 내용에 따르면, 대성이라는 아이가 어머니와 함께 가난하게 살고 있었어요. 어느 날 대성은 "시주를 하면 큰 복을 받을 수 있다."는 스님의 말에 전 재산인 작은 밭을 시주했어요. 그런데 복은커녕 대성은 갑자기 죽고 말았어요.

그날 밤 신라의 재상 김문량은 이상한 꿈을 꾸었어요. "대성이란 아이가 너희 집에 태어날 것이다!" 하고 하늘에서 큰 소리가 들리는 꿈이었어요. 얼마 뒤 김문량의 아내는 아이를 낳았어요. 태어난 아이는 손에 금 조각을 쥐고 있었는데, 그 금 조각에는 '대성'이란 글씨가 새겨져 있었지요. 깜짝 놀란 김문량은 아이의 이름을 김대성으로 짓고 정성껏 키웠어요.

커서 사냥을 좋아한 김대성은 어느 날 토함산에서 곰을 잡았어요. 그런데 죽은 곰이 꿈에 나타나 자신을 위해 절을 세워 주지 않으면 죽게 될 것이라고 위협했어요. 김대성은 곰을 죽인 것을 뉘우치며 곰을 위해 '장수사'라는 절을 세웠어요. 또 열심히 공부해 재상이 된 뒤에는 부모님의 은혜에 보답하고자 절을 세웠어요.

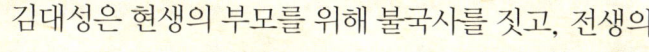

김대성은 현생의 부모를 위해 불국사를 짓고, 전생의 부모를 위해서는 석굴암을 지었어요.

4장 우리나라의 유네스코 세계 유산 1

통일 신라
세계 문화유산
국보 24호

석굴암 과학과 예술의 만남

불국사를 지나 토함산 깊이 들어가면 김대성이 전생의 부모를 위해 지었다는 석굴암이 있어요. 석굴암 앞에는 경주 일대와 동해 바다가 펼쳐져 있어 해 뜨는 광경이 아름답지요.

석굴암은 '돌로 굴을 만든 절'이라는 뜻이에요. 신라 사람들은 단단한 화강암을 다듬어 쌓아 둥근 천장을 지닌 굴을 만들었어요. 돌로 둥근 천장을 만드는 것은 굉장히 어렵다고 해요. 신라 사람들의 건축 기술이 얼마나 뛰어난지 알 수 있어요. 석굴암은 세계 문화유산으로 지정된 하나뿐인 인공 석굴이기도 해요. 그래서 세계의 건축가들도 석굴암에 가면 신기해서 할 말을 잊는대요.

석굴암 안에는 본존상을 포함해 40*구의 불상이 조각되어 있었는데 지금은 38구만 남아 있어요. 그 중에 특히

*구는 불상의 수를 세는 단위예요.

석굴암 본존상
본존상이 동쪽을 향하고 있는 것은 동해를 바라보는 거예요.

본존상은 자비로운 미소를 띤 부처님의 모습이 잘 표현되어 있어 아름답기로 유명하지요. 화강암으로 조각한 본존상은 마치 찰흙으로 빚은 것처럼 모든 곳이 부드럽고 섬세해요. 흐르는 듯이 몸을 감싸고 있는 부드러운 옷자락을 보면 돌을 조각한 솜씨가 얼마나 정교한지 알 수 있어요.

또 석굴암은 아주 과학적으로 만들어졌어요. 석굴암은 굴이라 습기가 차고 돌에 이끼가 생길 수 있어요. 이런 점 때문에 신라 사람들은 본존상 아래에 샘물이 흐르게 하여 습기가 차지 않게 했어요.

그런데 지금은 석굴암 안에 습기가 차서 이 습기를 막기 위해 본존상 앞에 유리벽이 세워져 있어요. 일부 학자들은 일제 강점기에 일본 사람들이 시멘트를 사용해 석굴암을 수리해서 내부에 이슬이 맺히고 물이 차는 것이라고 말해요. 또 어떤 학자들은 일제 강점기 후에 석굴암 아래의 물길을 없애서 이렇게 된 것이라고 해요. 이유가 무엇이든 본존상이 유리벽에 갇혀 있어서 참 안타까워요.

석굴암은 신라 사람들의 신앙과 바람, 뛰어난 조각 기법, 우수한 건축 기술을 보여 주는 아름다운 건축물이에요.

돌로 만든 절, 석굴암

석굴암은 전실과 주실로 되어 있어요. 전실은 사람들이 절을 하는 곳으로 사각형으로 만들어졌고, 주실은 석가모니 본존상이 있는 곳으로 원형으로 만들어졌어요. 사각형은 땅을 상징하고 원형은 하늘을 상징해요. 현재 석굴암 안에는 본존상, 십대 제자상, 사천왕상, 금강역사상 등 38구의 불상이 남아 있어요. 각 불상마다 의미가 다르며, 불상의 위치도 의미가 있어요.

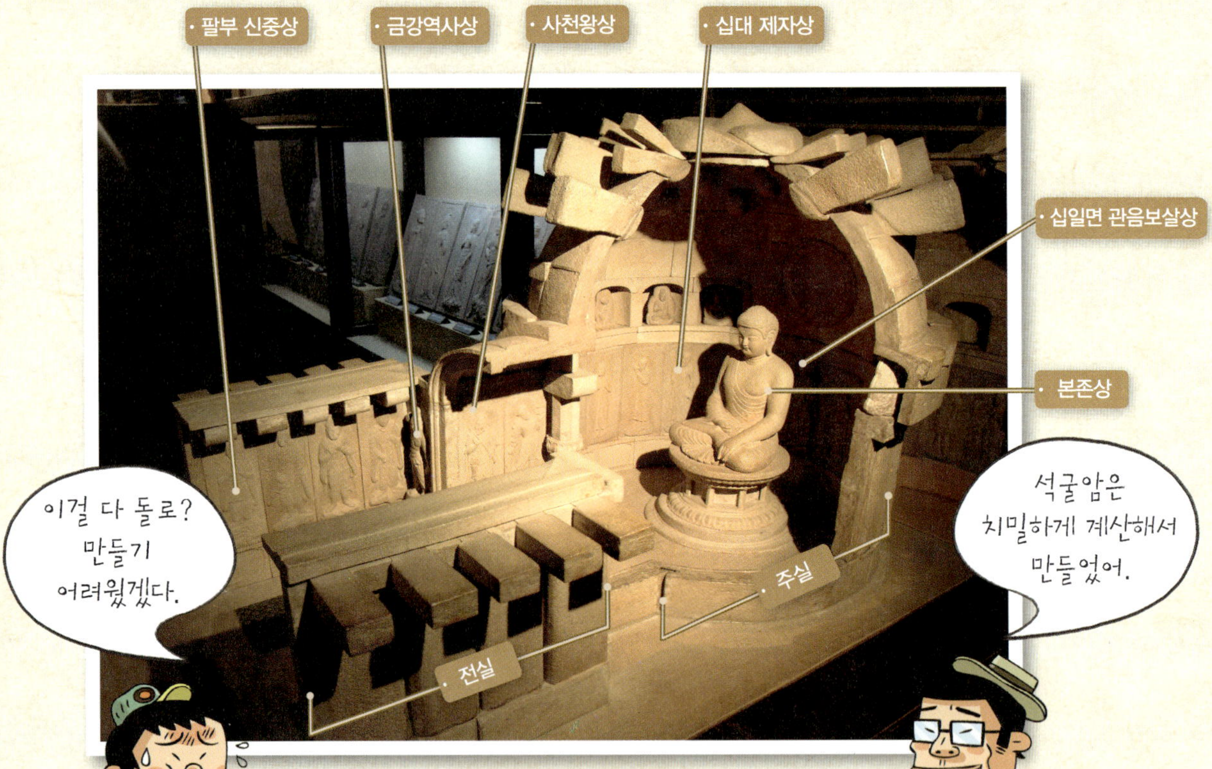

- 팔부 신중상
- 금강역사상
- 사천왕상
- 십대 제자상
- 십일면 관음보살상
- 본존상
- 주실
- 전실

이걸 다 돌로? 만들기 어려웠겠다.

석굴암은 치밀하게 계산해서 만들었어.

석굴암의 구조 석굴암은 전실을 지나 주실로 들어가게 되어 있어요. 전실에는 본존상을 지키는 불상들이 새겨져 있어요.

석굴암의 주실
둥근 모양의 천장은 하늘을 상징해요.

석굴암 십일면 관음보살상
우아한 자태로 동양에서도 아름다운 조각으로 손꼽혀요.

석굴암 십대 제자상
부처님의 제자 중에 뛰어난 열 명을 뽑아 십대 제자라고 해요.

석굴암 사천왕상
사천왕상은 악귀나 액을 막기 위해 주실 앞에 세웠어요.

4장 우리나라의 유네스코 세계 유산 1

조선
세계 문화유산
국보 52호

해인사 장경판전 스스로 숨 쉬는 신비한 건물

팔만대장경으로 불리는 고려 대장경판이 어디에 있는지 아나요? 당연히 박물관에 있을 것 같다고요? 아니에요.

고려 대장경판은 경상남도 합천 해인사에 있는 장경판전에 보관되어 있어요. 고려 시대에 만들어진 고려 대장경판은 강화도 선원사에 보관되어 있다가 조선 시대에 해인사 장경판전으로 옮겨졌어요.

고려 대장경판은 만든 지 750여 년이 지났지만 신기하게도 손상된 곳이 거의 없다고 해요. 고려 대장경판은 나무로 만들어서 썩거나 뒤틀리기 쉬울 텐데, 어떻게 이렇게 잘 보존될 수 있었을까요?

이것은 장경판전 덕분이에요. 장경판전은 자연적으로 온도와 습도가 조절되도록 과학적으로 설계되어 고려 대장경판의 손상을 막아요.

이 건물은 각 벽마다 창의 크기가 다르고, 같은 벽에서도 위와 아래 창의 크기가 달라요. 이런 구조는 바람이 내부에서 잘 순환되게 하고 환기가 잘 되게 해 실내 온도를 알맞게 해 줘요. 또 바닥은 숯, 소금, 자갈, 횟가루 등을 모래와 찰흙에 섞어 다져 놓아 자연스럽게 습도 조절이 되도록 했어요. 이러한 건축 기술 덕분에 온도 조절기나 습도 조절기가 없던 당시에도 고려 대장경판을 잘 보존할 수 있었어요.

장경판전은 대장경 경판만을 보관하려고 만든 세계에서 하나뿐인 건축물이에요. 또 수백 년 동안 고려 대장경판을 잘 보존한 특별한 건물이어서 유네스코 세계 문화유산으로 등재됐어요.

장경판전의 외부

장경판전은 스스로 습도 조절을 하는 특별한 건물이야.

그래서 고려 대장경판이 잘 보존될 수 있었군요.

장경판전의 내부
장경판전 바닥은 습도 조절 때문에 흙으로 되어 있어요. 창은 위와 아래의 크기를 달리해 실내에 들어간 공기가 아래위로 순환하며 돌아 나가도록 했어요.

4장 우리나라의 유네스코 세계 유산 1

조선
세계 문화유산
사적 125호

종묘
왕과 왕비의 영혼이 깃든 사당

조선에는 왕릉 외에 왕과 왕비의 영혼을 모시는 곳이 따로 있었어요. 바로 종묘이지요. 조선의 왕들은 종묘에서 죽은 왕과 왕비의 영혼을 모시고 엄숙하게 제사를 지냈어요.

유교를 숭배한 조선 사회는 조상에 대한 공경을 중요하게 생각했어요. 그래서 왕의 조상이 있는 종묘는 국가의 뿌리같이 여겨졌어요. 조선의 태조인 이성계도 나라를 세우고 경복궁과 종묘를 제일 먼저 지어, 종묘가 조상을 받드는 모범이 되도록 했어요.

나라의 뿌리가 되는 장소이니 그 당시의 최고 기술자들이 만든 건축물이겠지요? 종묘는 조상신을 모신 곳이라 되도록 꾸미지 않았어요. 대신에 종묘는 장엄하게 지어져 절제된 아름다움을 갖고 있어요.

종묘에는 죽은 사람의 혼을 담은 나무패인 신주가 있어요. 조선 사람들은 이 신주들을 전쟁 때에도 가장 먼저 챙길 정도로 귀한 물건으로 여겼어요. 그래서 종묘의 중심 건물은 신주가 있는 정전과 영녕전이에요.

정전과 영녕전에는 35명의 왕과 48명의 왕비의 신주가 있어요. 여러 명의 신주를 모신 정전은 가로 101m로 매우 길어, 정전을 보면 장엄함이 느껴져요. 정전을 처음 지었을 때는 7칸의 작은 건물이었어요. 세월이 흘러 죽은 왕들이 점점 늘어나면서 여러 번에 걸쳐 정전의 건물을 옆으로 늘려 19칸이 됐어요. 정전을 늘릴 때마다 건물을 짓는 양식이 조금씩 변해서, 정전에는 다른 건축 양식들이 섞여 있기도 해요.

종묘는 다른 나라에는 없는 독특한 제례 건축물이에요. 또한 선조들의 조상 숭배 정신과 제례 문화가 담겨 있어서 종묘는 세계 문화유산으로 등재됐어요.

신도는 죽은 왕이 다니는 길이야. 살아 있는 왕은 신도의 왼쪽으로 다녔어.

정전의 기둥들
길게 줄지어 서 있는 기둥들이 엄숙함을 더해 줘요.

신도는 내 길이라고!

종묘 정전(국보 227호)
정전은 임진왜란 때 불탄 것을 광해군 때 다시 짓고, 그 후에 계속 늘려 지었어요. 정전은 가로 길이가 101m로 우리나라에서 가장 긴 목조 건축물이기도 해요. 정전 앞의 검은 길은 죽은 왕의 혼령이 다니는 신도예요.

4장 우리나라의 유네스코 세계 유산 1 | 조선 세계 문화유산 사적 122호

창덕궁 조선의 왕들이 가장 사랑한 궁궐

'왕자의 난'이라는 사건을 들어 본 적 있나요?

태조의 아들 이방원은 반란을 일으켜 형들을 죽이고 왕(태종)이 됐어요. 태종은 자신이 반란을 일으켰던 경복궁에서 살고 싶지 않아 새로운 궁궐을 짓게 했다고 해요. 이때 지은 궁궐이 창덕궁이에요.

창덕궁은 임진왜란 때 불에 탄 경복궁을 다시 지을 때까지 조선의 중심 궁궐이 됐어요. 창덕궁은 가장 오랫동안 왕들이 머물렀던 궁궐이고, 많은 왕들의 사랑을 받은 곳이에요.

경복궁은 궁궐의 위엄을 강조해 지어졌어요. 그에 반해 창덕궁은 크기

창덕궁의 부용정(보물 1763호)과 부용지
부용은 연꽃이라는 뜻이에요. 주합루에서 바라본 부용정은 지붕의 생김새 때문에 연꽃같이 보여요.

가 작고 단아하며 경치가 아름다워 운치가 있었어요. 그래서 많은 왕들이 창덕궁을 좋아했나 봐요.

창덕궁도 경복궁처럼 왕이 일하는 곳과 생활하는 곳이 있어요. 그중에서 가장 유명한 곳은 뒤쪽에 있는 후원이에요. 후원은 창덕궁의 60%를 차지할 정도로 아주 넓고 아름다운 정원이에요. 왕과 왕비는 후원에서 뱃놀이와 낚시 등을 하며 휴식을 취했다고 해요.

창덕궁 후원은 나무와 나즈막한 언덕, 물이 흐르는 작은 계곡 등의 자연을 그대로 살려서 건축물과 자연의 조화로운 아름다움을 느낄 수 있어요.

창덕궁은 현재 남아 있는 우리나라 궁궐 중에 가장 오래된 곳으로 옛 궁궐 건축의 특징이 잘 나타나 있어요. 또 후원은 주변의 자연과 어우러지게 건축물을 짓는 우리나라만의 건축 양식을 잘 보여 주지요. 이 때문에 창덕궁은 한국의 궁궐 중에서 유일하게 세계 문화유산으로 등재됐어요.

주합루

동궐도에 담긴 창덕궁

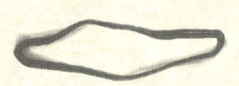

동궐도는 조선 후기에 도화서 화원들이 동쪽에 있는 궁궐인 창덕궁과 창경궁을 그린 그림이에요. 우리는 동궐도를 통해 당시 창덕궁의 모습을 생생하게 볼 수 있어요. 현재 창덕궁의 모습과 동궐도를 비교해 보는 것도 재미있겠지요?

창덕궁 돈화문(보물 383호)
창덕궁의 정문이에요. 현재 남아 있는 궁궐의 대문 가운데 가장 오래됐어요.

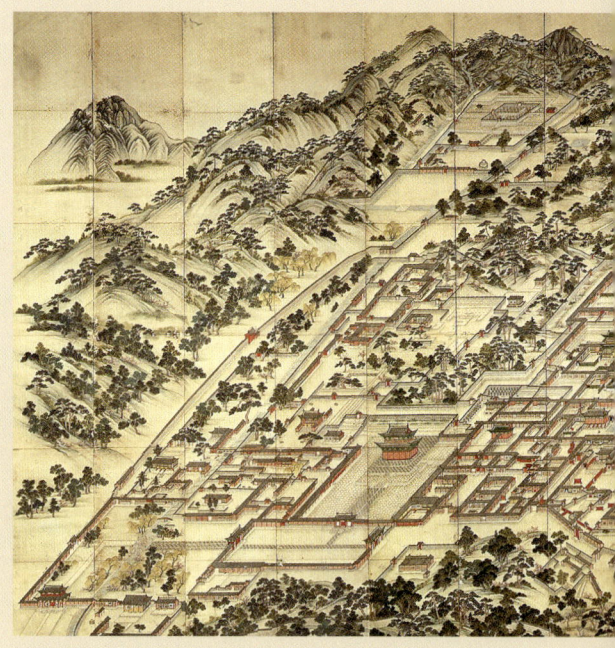

창덕궁 옥류천과 소요암
옥류천은 바위를 뚫어 만든 작은 폭포예요. 소요암에 '玉流川(옥류천)'이라는 글자가 새겨져 있는데, 인조가 직접 쓴 글씨래요.

후원으로 가 볼까?

창덕궁 금천교(보물 1762호)
현재 서울에 남아 있는 가장 오래된 돌다리예요. 다리에 있는 동물은 상상의 동물인 해치예요. 해태라고도 해요. 옛날 사람들은 해치가 불을 삼키고 죄를 지은 사람을 물어 죽인다고 생각했어요.

천장문
다른 문과 달리 전돌(구운 흙벽돌)로 지어 아기자기하고 나무와도 잘 어울려요. 천장문을 나가면 후원으로 가는 길이 나와요.

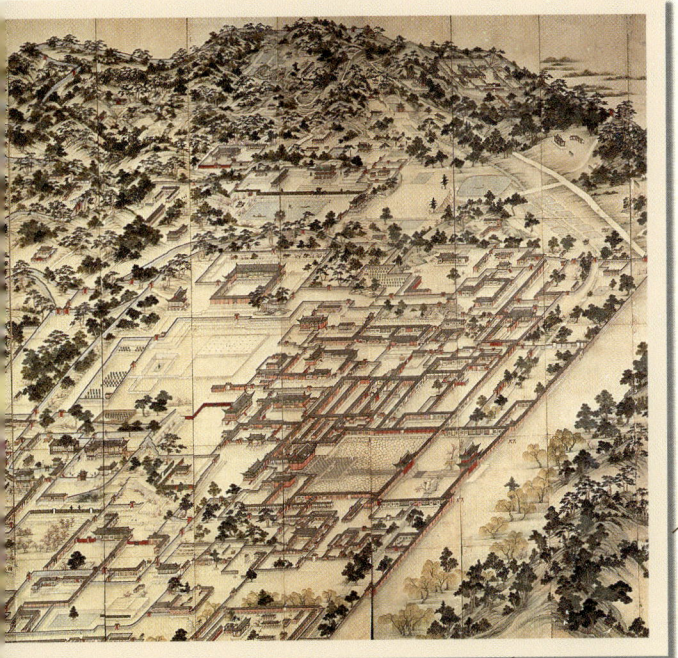

동궐도(국보 249호)

주합루(보물 1769호)**와 어수문**
부용지 옆에 있는 주합루는 2층의 누각이에요. 아래층은 왕실의 도서를 보관하는 규장각으로 사용했어요. 어수문은 주합루 앞에 있는 문이에요.

141

수원 화성 — 정조의 꿈이 담긴 신도시

조선
세계 문화유산
사적 3호

영조와 정조는 조선의 문화와 학문을 크게 발전시킨 왕이에요. 그래서 두 왕이 다스리던 시기를 '조선의 르네상스기'라고 해요.

영조의 아들은 사도 세자이고, 사도 세자의 아들이 정조예요. 영조는 사도 세자를 뒤주 속에 가두어 죽게 했어요. 정조는 그런 아버지를 늘 그리워해서 왕이 된 뒤에는 사도 세자의 묘를 수원으로 옮기고 '현륭원'이라고 이름을 지었어요. 정조는 아버지의 무덤에 가려고 11년 동안 수원에 열두 번이나 행차했어요. 정조가 수원에 행차했을 때 머무를 곳이 필요해서 화성 행궁을 지었어요.

팔달문(보물 402호)
화성의 남문이에요. 문 바깥에는 성문을 보호하려고 반원 모양의 옹성을 쌓았어요.

조선의 과학이 깃든 수원 화성

　당시 조선은 신하들의 힘이 강해 무리를 지어 서로 다투었어요. 정조는 신하들의 세력에 맞서 왕권을 강화하려고 새로운 도시를 만들어서 수도를 옮기는 계획을 세웠어요. 그 새로운 도시가 바로 수원 화성이에요. 수원 화성에는 화성 행궁도 있고 도시를 보호하기 위해 쌓은 성곽도 있어요.

　화성은 동서양의 군사 이론을 활용해서 조선의 실정에 맞게 건설됐어요. 화성에는 네 개의 대문과 공격 시설, 방어 시설, 통신 시설 등 40여 채의 건축물이 있어요. 이들 건축물은 과학적으로 설계되었어요. 게다가 거중기, 녹로 등의 기구를 이용해 예전보다 힘을 덜 들이고 지을 수 있었어요. 또 화성은 군사 시설임에도 건물들이 독창적이고 아름다워요.

　화성은 과학적이고 독창적인 성곽으로 높이 평가받아 세계 문화유산으로 등재됐어요.

서북 공심돈(보물 1710호)
적을 감시하고 공격하는 곳이에요. 중간중간에 있는 구멍은 총을 쏘기 위한 구멍이에요.

봉돈
위급할 때 봉화를 올리는 곳이에요. 낮에는 연기로, 밤에는 불로 신호를 보냈어요.

우리나라의 유네스코 세계 유산 1

조선
세계 문화유산
사적 3호

수원 화성의 모든 것이 담긴 《화성 성역 의궤》

지금의 수원 화성은 대부분 복원된 것임을 알고 있었나요? 사실 수원 화성은 일제 강점기와 6·25 전쟁 때 많이 훼손됐어요. 수원 화성은 원형이 아닌데도 어떻게 유네스코 세계 문화유산으로 등재됐을까요?

바로 《화성 성역 의궤》라는 책 덕분이에요. 정조는 수원 화성을 만드는 모든 과정을 의궤로 기록하게 했어요. 이 의궤는 내용이 정말 상세해서 수원 화성의 설계도는 물론 공사 일정, 건물에 관한 설명, 공사 비용, 공사 기구, 장인의 명단까지 모든 내용이 기록되어 있어요.

유네스코 심사 위원들도 원형이 아닌 수원 화성을 심사도 하지 않으려다가 《화성 성역 의궤》를 보고는 세계 문화유산으로 지정했다고 해요.

《화성 성역 의궤》에는 공사에 거중기를 사용한 기록도 있어요. 거중기는 도르래의 원리를 이용한 것으로 무거운 돌을 나를 때 편리하게 활용됐어요. 그래서 화성 공사는 원래 10년을 계획했었는데, 2년 8개월 만에 끝날 수 있었대요.

《화성 성역 의궤》 중 서북 공심돈 설계도

거중기로 돌을 올리는 모습

〈화성 능행도〉에 담긴 정조의 화성 행차

1796년에 정조는 어머니 혜경궁 홍씨와 돌아가신 아버지 사도 세자의 회갑을 맞아 어머니와 함께 현륭원으로 행차했어요. 이때 있었던 성대한 잔치와 의식들이 〈화성 능행도〉라는 그림으로 기록돼 있어요.

〈화성 능행도〉는 8폭의 병풍 그림이야.

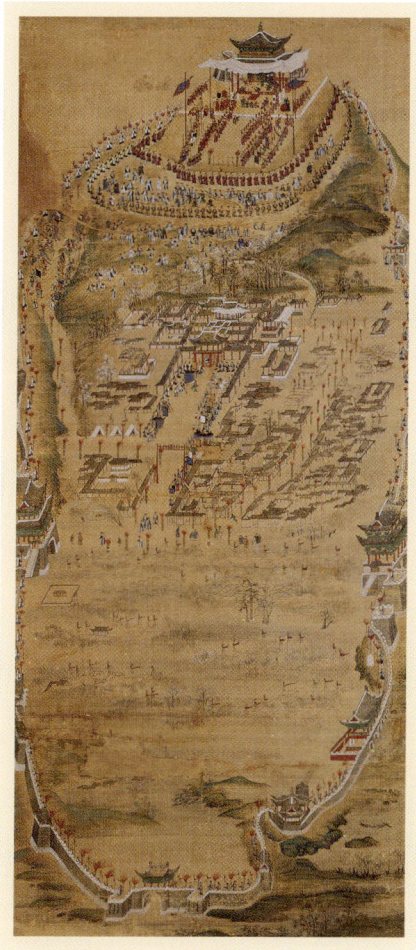

〈화성 능행도〉 중 〈서장대 야조도〉
정조가 화성의 서장대에서 밤에 군사 훈련을 시키는 모습을 그렸어요.

〈화성 능행도〉 중 〈한강 주교 환어도〉
정조가 노량진에 설치된 배다리로 한강을 건너 창덕궁으로 가는 모습이에요. 왕의 행차 모습을 알 수 있어요.

조선 왕릉 *조선의 효와 예 사상이 담긴 곳*

조선은 500여 년의 역사를 지닌 나라예요. 조선에는 27명의 왕과 수많은 왕비가 있었는데, 이들이 죽은 뒤에 묻힌 무덤이 조선 왕릉이에요.

왕의 무덤을 만드는 일은 조선 왕실의 중요한 일이었어요. 그래서 유교적인 전통과 예법 등에 맞게 왕릉을 만들고 나라에서 관리했지요.

조선 왕릉은 조선 사회의 장례 풍습과 죽음에 대한 의식, 자연관을 보여 주는 문화유산이에요.

조선 사람들은 조상의 무덤을 좋은 자리, 즉 명당에 써야 후손이 잘된다는 풍수지리설을 믿었어요. 그래서 왕이나 왕비의 무덤은 당시 가장 좋은 자리로 꼽히는 명당에 마련됐지요. 또 왕릉에는 나무를 많이 심어 경관을 좋게 했는데, 이런 점으로 자연과의 조화를 중요하게 여긴 조선 사람들의 자연관을 알 수 있어요. 그래서 조선 왕릉이 있는 곳은 경치가 아주 좋답니다.

조선 왕릉은 조선 500여 년 동안 전통에 맞게 만들어지고 관리되어 왔어요. 또 지금까지 원형이 잘 보존되어 왔고 제사 의식도 이어지고 있어요. 전 세계에서 이렇게 잘 보존된 왕릉은 거의 없다고 해요. 조선 왕릉은 문화적인 독창성 때문에 유네스코 세계 문화유산으로 등재됐어요.

조선 왕릉은 모두 44기인데, 그중에 세계 문화유산으로 등재된 것은 40기예요. 북한에 있는 왕릉 2기와 왕에서 폐위된 연산군과 광해군의 무덤은 세계 문화유산으로 등재되지 못했어요.

태조의 무덤인 건원릉

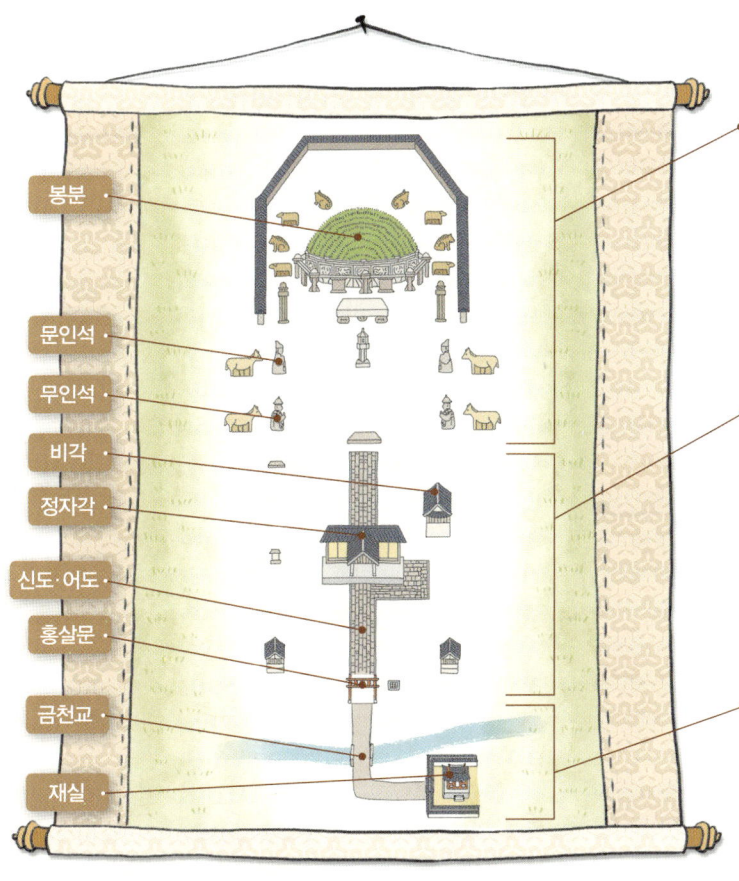

- 봉분
- 문인석
- 무인석
- 비각
- 정자각
- 신도·어도
- 홍살문
- 금천교
- 재실

능침 공간
왕 또는 왕비가 잠든 곳이에요. 봉분을 보호하기 위해 양, 호랑이 등의 동물 석상을 세웠어요. 또 신하의 모습을 본떠 문인석과 무인석을 만들었어요.

제향 공간
죽은 사람을 위해 제사를 지내는 곳이에요. 영혼이 다니는 길인 신도, 참배자가 다니는 길인 어도, 제사를 지내는 정자각, 무덤 주인공의 업적이 새겨진 비석이 있는 비각 등이 있어요.

진입 공간
입구에서부터 홍살문까지를 말해요. 왕과 왕비를 참배하기 전에 몸과 마음을 경건하게 추스르는 곳이에요.

하회와 양동 한국의 역사 마을

4장 우리나라의 유네스코 세계 유산 1

조선
세계 문화유산
하회 마을·중요 민속 문화재 122호, 양동 마을·중요 민속 문화재 189호

앞에서 하회 별신굿 탈놀이를 말하면서 잠깐 하회 마을 얘기를 했어요. 기억하나요?

경상북도 안동의 하회 마을과 경상북도 경주의 양동 마을에서는 조선 시대의 사회 구조와 양반 문화가 현재까지 이어지고 있어요. 그래서 두 마을은 한국의 역사 마을로 인정받아 세계 문화유산으로 등재됐어요.

하회 마을과 양동 마을은 같은 성씨들이 주로 모여 살아서, 씨족 사회의 전통적인 모습을 잘 보여 주고 있어요.

하회 마을은 풍산 류씨들이 살고 있어요. 조선 시대의 관리로 유명한 류성룡도 이 집안 사람이에요. 하회 마을에서는 지금도 종가집을 중심으로 온 가족과 친척들이 모여 제사를 지내요. 또 혼례나 장례 등도 유교 양반 사회의 전통을 유지하고 있어요.

양동 마을은 월성 손씨와 여강 이씨가 모여 사는 마을이에요. 현재 양동 마을에는 200여 채의 기와집과 180여 채의 초가집이 남아 있어요. 양동 마을의 전통 가옥들은 600년 전 조선 시대 사람들의 생활 모습과 가옥 구조를 잘 보여 주고 있어요.

양동 마을의 관가정 (보물 442호)
중종 때 청렴한 관리로 유명했던 손중돈의 집이에요.

하회 마을(중요 민속 문화재 122호)의 전경

두 마을에는 장례, 제사 등의 전통이 그대로 살아 있어.

결혼도 전통 혼례로 하나 봐.

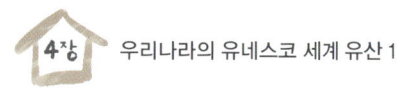

4장 우리나라의 유네스코 세계 유산 1

세계 자연 유산
한라산 천연 보호 구역·천연기념물 182호, 제주 선흘리 거문 오름·천연기념물 444호,
제주 김녕굴 및 만장굴·천연기념물 98호, 성산 일출봉 천연 보호 구역·천연기념물 420호

제주 화산섬과 용암 동굴 <small>자연의 신비를 간직한 섬</small>

아름다운 자연은 아주 오래전 인류가 태어나기 전부터 이 세상에 있었어요. 인류는 개발과 전쟁 등으로 산과 강, 식물, 동물 등의 자연 유산을 파괴해 왔어요. 그래서 유네스코는 꼭 보호해야 할 지역을 유네스코 세계 자연 유산으로 지정해 보호하고 있어요.

우리나라의 세계 자연 유산은 우리나라에서 가장 큰 섬이자 빼어난 경관으로 유명한 제주특별자치도에 있어요. 세계 자연 유산은 사계절 아름다운 자연 경관을 뽐내는 한라산, 화산 분출로 만들어진 거문 오름 용암 동굴계, 신비로움을 간직하고 있는 성산 일출봉이에요.

한라산

제주특별자치도 한가운데에 있는 한라산은 화산 활동으로 생긴 산이에요. 한라산은 해발 1,950m로 남한에서 가장 높은 산이지요.

또 한라산은 높이에 따라 온도가 달라 사는 식물과 동물이 달라요. 200~600m의 낮은 초원 지대에서는 말을 풀어 놓아 기르고 난대성 식물이 자라요. 600~1,000m의 중간 지대에서는 활엽수림이, 1,000m 이상의 높은 지대에서는 차가운 기온 때문에 잎이 뾰족한 침엽수가, 정상에는 고산 식물들이 자라고 있어요. 한라산에는 1,800여 종의 식물과 1,000여 종의 동물이 살고 있어요. 정상에는 화산이 폭발하면서 생긴 화구에 물이 고여 호수가 된 백록담이 있어요.

난 산굴뚝나비야. 한라산에 사는 천연기념물이지.

한라산(천연기념물 182호)
특이한 지형과 식물, 동물이 많아 한라산 전체가 천연기념물이에요.

백록담
한라산 정상의 화구호예요. 흰 사슴이 물을 마셨다고 해서 이름이 백록담이 됐대요.

한라산에 사는 고라니

4장 우리나라의 유네스코 세계 유산 1

세계 자연 유산
한라산 천연 보호 구역·천연기념물 182호, 제주 선흘리 거문 오름·천연기념물 444호,
제주 김녕굴 및 만장굴·천연기념물 98호, 성산 일출봉 천연 보호 구역·천연기념물 420호

거문 오름 용암 동굴계

　큰 화산 옆에 작게 솟아오른 기생 화산을 '오름'이라고 해요. 제주특별자치도에는 수많은 오름들이 있는데, 거문 오름과 여러 용암 동굴을 합쳐 거문 오름 용암 동굴계라고 불러요.

　거문 오름 용암 동굴계는 세계적으로 아름다운 동굴계로 손꼽혀요.

　거문 오름은 숲에 나무가 많아 멀리서 보면 검게 보인다고 해서 붙여진 이름이에요. 거문 오름은 용암이 분출하면서 20여 개의 동굴을 만들었어요. 만장굴, 김녕사굴, 용천 동굴, 당처물 동굴, 벵뒤굴 등이지요. 그중에서 가장 깊고 큰 용암 동굴은 만장굴이에요. 만장굴은 30만~10만 년 전에 만들어졌는데, 길이 7,416m, 최대 폭 18m, 최대 높이 23m나 돼요. 만장굴은 세계에서 가장 규모가 크고 긴 용암 동굴이기도 해요. 동굴 안에는 종유석과 석순, 석주들이 화려함을 뽐내고 있어요.

야~호!

만장굴(천연기념물 98호)

만장굴 안의 종유석과 석순

성산 일출봉

　제주특별자치도 동남쪽 바다에는 성산 일출봉이 웅장하게 서 있어요. 성산 일출봉은 우뚝 솟은 봉우리의 모습이 마치 성 같고, 정상에서 바라본 일출(해뜨는 광경)이 아름다워서 붙은 이름이에요. 성산 일출봉은 바닷속에서 화산이 폭발하여 생겼어요. 성산 일출봉은 높이가 182m인데, 위에서 보면 왕관 모양으로 생긴 커다란 분화구가 있어요. 성산 일출봉은 바닷속에서 폭발해 생긴 화산이어서 수성 화산 연구에도 중요한 학술적 가치가 있어요.

와, 왕관 모양이다!

5장

우리나라의 유네스코 세계 유산 2

세계 기록 유산과 인류 무형 문화유산

우리나라는 아시아에서 가장 많은 유네스코 세계 기록 유산을 가지고 있어요. 대부분이 조선 시대의 것이지요. 조선은 문자, 활자, 역사 기록을 중요하게 여긴 문화 국가여서 가치 있는 기록 유산들을 많이 남겼어요. 인류 무형 문화유산은 오랜 세월 동안 우리 민족의 몸과 입을 통해서 전해 내려온 것들이에요. 사람에서 사람으로 직접 전해지고 함께 즐기던 문화유산이지요. 하지만 안타깝게도 우리 무형 문화유산에 대한 우리의 관심과 사랑은 점점 줄어들고 있어요. 인류 무형 문화유산 등재도 의미 있는 일이지만 그보다 중요한 것은 우리가 이 유산들을 아끼고 즐겨서 우리 무형 문화유산의 주인이 되는 거예요.

직지심체요절 금속 활자로 만든 가장 오래된 책

판에 있는 글씨를 여러 장의 종이에 찍는 인쇄 문화는 인류의 역사를 크게 바꾸어 놓았어요. 인쇄 문화는 일부 사람들만 독차지하던 지식을 많은 사람이 나누어 가질 수 있게 했고, 그로 인해 인류 문화는 크게 발달하게 됐어요.

우리나라는 오래전부터 뛰어난 인쇄 문화를 가지고 있었어요. 《무구정광대다라니경》은 세계에서 가장 오래된 목판 인쇄물이고, 고려 대장경판도 대단한 규모를 가지고 있지요. 금속 활자도 마찬가지예요.

목판 인쇄에 쓰는 목판은 나무라 계속 인쇄를 하다 보면 망가지고 보존도 어려워요. 하지만 금속 활자는 여러 번을 찍어도 글자의 모양이 변하지 않아요. 게다가 금속으로 만든 글자는 훨씬 정교해요. 더 발전된 인쇄 기술인 것이지요. 현재 남아 있는 것 중에서 금속 활자로 찍어 낸, 세계에서 가장 오래된 책이 《직지심체요절》이에요. 줄여서 《직지》라고도 불러요.

고려 시대에 만든 《직지심체요절》은 여러 부처님과 훌륭한 승려들의 말을 골라 정리해 놓은 것이에요.

'직지심체'는 "참선으로 사람의 마음을 바르게 보면 그 마음이 부처님의 마음임을 깨닫게 된다."라는 뜻이에요.

서양에서는 1455년에 독일의 구텐베르크가 금속 활자로 처음 기독교의 경전인 《성서》를 찍었어요. 그래서 구텐베르크는 인쇄 문화의 아버지로 불려요. 1377년에 만든 《직지심체요절》은 《성서》보다도 무려 78년이

나 먼저 찍은 것이에요. 《직지심체요절》이 현재 전하는 것 중에서 금속 활자로 인쇄한 세계에서 가장 오래된 책인 것이지요.

사실 우리나라는 더 오래전부터 금속 활자로 책을 찍었어요. 《고금상정예문》은 《성서》보다 200여 년이나 먼저 금속 활자로 찍은 책이에요. 아쉽게도 이 책은 현재 남아 있지 않고, 고려의 《동국이상국집》에 1234년에 《상정고금예문》을 금속 활자로 찍었다는 기록만 남아 있어요.

원래 두 권인 《직지심체요절》은 현재 하권만 남아 있는데, 이마저도 우리나라에 없어요. 1800년대 말에 주한 프랑스 공사인 콜랭드 플랑시가 사 가지고 가서, 지금은 프랑스 국립 도서관에서 보관하고 있어요. 프랑스에 있는 이 책을 박병선 박사님이 찾아내고, 오랜 시간 혼자 연구해서 고려의 금속 활자본임을 밝혀냈다고 해요. 유네스코에서는 《직지심체요절》의 소중한 가치를 인정해 세계 기록 유산으로 지정했어요.

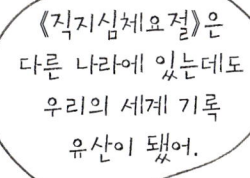

《직지심체요절》은 다른 나라에 있는데도 우리의 세계 기록 유산이 됐어.

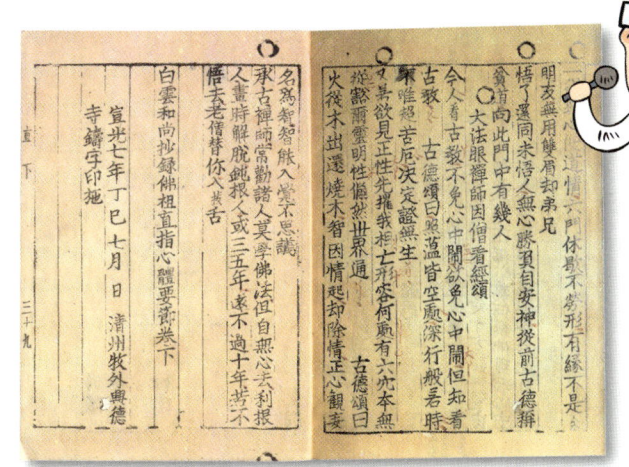

《직지심체요절》
1377년에 청주 흥덕사에서 금속 활자로 인쇄됐어요. 구텐베르크가 찍은 《성서》보다 78년 먼저 찍은 거예요.

《직지심체요절》은 이렇게 만들어졌어요!

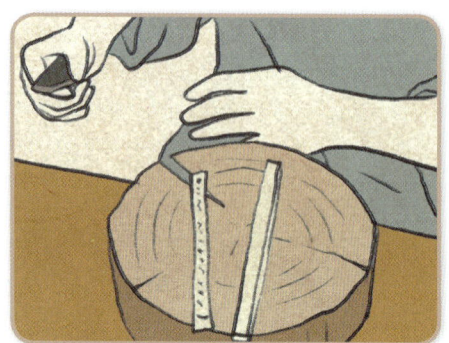

① 필요한 글자를 밀랍판에 한 글자씩 새겨요.

② 밀랍 봉에 밀랍 글자를 붙이고, 흙으로 싸서 말려요. 글씨 틀을 만드는 거예요.

③ 글씨 틀에 불을 쬐어 밀랍이 녹아서 빠지게 해요. 그 뒤에 글씨 틀에 뜨거운 쇳물을 부어요.

④ 쇳물이 굳으면 흙을 부수고 글자를 떼어 내서 잘 다듬어요.

⑤ 책의 크기에 맞게 판을 만들고 활자를 골라 넣어요.

⑥ 활자판에 먹물을 칠하고 종이를 대어 잘 문질러서 인쇄해요.

신문과 뉴스 속 문화유산

《직지》와 외규장각 도서를 찾아낸 박병선 박사

박병선 박사는 1955년에 홀로 프랑스로 건너가 소르본 대학과 프랑스 고등 교육원에서 역사학과 종교학으로 박사 학위를 받았다. 프랑스 국립 도서관에서 사서로 근무하던 그녀는 연구를 통해 이 도서관에 보관되어 있던 《직지심체요절》이 남아 있는 것 중에 세계에서 가장 오래된 금속 활자본이라는 사실을 증명했다. 또 그녀는 프랑스 외교부에서 한국의 독립운동 관련 문서를 찾아내고, 50년이 넘는 시간 동안 프랑스 신문이 게재한 한국 관련 기사를 모았다. 이 자료는 2,000상자, 1만 5,000쪽이나 된다. 또 그녀는 병인양요 때 프랑스 군대가 약탈해 간 외규장각 도서 297권을 1979년에 프랑스 국립 도서관 서고에서 발견했다. 그녀는 이 사실을 한국에 알리고 국내 반환 운동의 중심 역할을 했다. 외규장각 도서들은 프랑스와의 오랜 협상 끝에 2011년 5월에 영구 대여 형식으로 돌아왔다. 그녀는 외규장각 도서가 완전 반환이 아닌 영구 대여 형식으로 돌아오는 것을 안타까워했다. 결혼도 하지 않고 역사 연구에 평생을 바친 그녀는 2011년 11월 암으로 세상을 떠났다. 그녀의 숭고한 노력과 헌신이 있었기에 우리는 소중한 문화유산을 되찾고 문화적 자존심을 회복할 수 있었다.

고려
세계 기록 유산
해인사 대장경판·국보 32호

5장 우리나라의 유네스코 세계 유산 2

고려 대장경판 및 제경판 세계에서 가장 오래된 대장경판

고려 시대에 중국 땅에는 칭기즈 칸이 세운 대제국인 몽골이 있었어요. 몽골은 30여 년간 일곱 차례에 걸쳐 고려에 쳐들어왔어요. 고려는 부처님의 도움을 받아 몽골군을 물리치려고 16년 동안 대장경과 대장경판을 만들었어요. 고려 사람들은 1,496종의 경전을 8만 1,258장의 목판에 새겼어요. 이 대장경은 8만 4,000개의 인간의 번뇌에 맞추어 8만 4,000법문이 담겨 있고, 경판 수가 8만 장이 넘어서 '팔만대장경'이라고 불려요. 또 고려 시대에 만들어서 '고려 대장경'이라고도 해요.

이 대장경을 새긴 목판이 '고려 대장경판'이에요. 고려 대장경판에 새겨진 글자 수는 무려 5,200만 자에 달하는데, 이 글자들은 틀린 글자가 거의 없이 고르고 정확해요. 또 한 사람이 새긴 것처럼 글씨체가 일정해요. 이 대장경판은 현재 남아 있는 가장 오래된 대장경판이며, 내용이 완벽해서 세계 기록 유산이 됐어요. 또 고려 시대부터 현대까지 해인사에서 제작한 경판들도 '제경판'이라는 이름으로 세계 기록 유산으로 등재됐어요.

고려 대장경판(국보 32호)
가로 70cm, 세로 24cm의 나무판 앞·뒷면에 부처님의 말씀을 빼곡하게 새겼어요.

글자가 이렇게 많은데, 틀린 글자가 거의 없단 말이야?

고려 대장경판은 이렇게 만들어졌어요!

① 몽골군으로부터 안전하고 나무가 많은 곳에 대장경을 만드는 기관인 대장도감을 만들어요.

② 나무를 잘라 소금물에 삶아요. 나무의 습기가 제거되어 해충·부패·뒤틀림을 막을 수 있어요.

③ 여러 경전을 검토해 정확한 대장경 원고를 만들어요.

④ 나무판에 글씨를 새겨요. 이때 좌우를 거꾸로 새겨야 인쇄했을 때 제대로 나오게 돼요.

⑤ 완성된 경판을 한 장씩 찍어 대장경 원고와 비교해요. 틀린 글자가 발견되면 경판을 수정해요.

⑥ 완성된 대장경판을 강화도로 옮겨요. 강화도에 있던 대장경판은 조선 시대에 해인사로 옮겨졌어요.

5장 우리나라의 유네스코 세계 유산 2

조선
세계 기록 유산
국보 70호

훈민정음

세계가 인정한 과학적인 글자이자 해설서

　미국의 과학 전문지 《디스커버리》는 "한글은 세계에서 가장 합리적인 문자"라고 극찬했어요. 또 세계 지식 재산권 기구(WIPO) 총회에서는 183개국의 만장일치로 한국어가 국제 특허 협력 조약의 국제 공개어로 채택됐어요.

　유네스코에서는 《훈민정음》을 세계 기록 유산으로 지정하고, '세종 대왕 문맹 퇴치상'을 만들었어요. 이 상은 매년 9월 8일 문맹 퇴치에 큰 기여를 한 사람에게 주는 상이에요. 이렇게 세계는 한글의 우수성을 인정하고 있어요. 한글의 어떤 점이 이렇게 우수한 걸까요?

　한글이 없던 시절에 우리 조상들은 중국의 한자를 사용했어요. 그러나 한자는 너무 어려워 일반 백성들은 배울 수 없었어요. 그래서 세종 대왕은 모두가 쓸 수 있는 우리글이 필요하다고 생각했어요. 세종 대왕은 입과 혀의 모양 등을 연구해 누구나 쉽게 배울 수 있는 훈민정음을 만들었어요. 훈민정음은 '백성을 가르치는 바른 소리'라는 뜻이에요.

　또 세종 대왕과 집현전 학자들은 훈민정음의 원리와 해설이 담긴 한문 해설서를 만들었는데, 이 책도 글자의 이름을 따서 《훈민정음》이라고 했어요.

　훈민정음은 소리 나는 대로 적는 소리글자(표음 문자)예요. 세종대왕은 초성(첫 자음)은 사람의 발음 기관을 본떠 ㄱ, ㄴ 등 17자를 만들고, 중성(모음)은 하늘, 땅, 사람(·, ㅡ, ㅣ)을 기본으로 11자를 만들었어요. 그리고

종성(아래 받침)은 초성을 다시 쓰게 했어요.

　28자였던 훈민정음은 지금은 자음과 모음을 합하여 24자만 쓰여요. 24자만 가지고도 표현하지 못하는 소리가 없지요. 한글이 얼마나 활용하기 좋은 우수한 글자인지 알 수 있어요. 한글은 배우기도 쉬워서 우리나라의 문맹률은 세계에서 가장 낮답니다.

《훈민정음》

《훈민정음》 서문

우리나라의 말이 중국과 서로 달라 한자와 잘 통하지 아니하니, 이러한 까닭으로 글을 모르는 백성들이 말하고자 하는 것이 있어도 마침내 제 뜻을 잘 펴지 못하는 사람이 많다. 이에 내가 이것을 불쌍히 여겨 새로 스물여덟 글자를 만드노니, 사람마다 쉽게 익혀서 날마다 쓰는 데 편하게 하고자 할 따름이라.

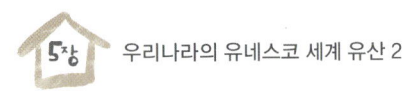

5장 우리나라의 유네스코 세계 유산 2

조선
세계 기록 유산
국보 151, 151-1~4호

조선왕조실록 조선의 모든 것이 담긴 블랙박스

사실 '조선왕조실록'이라는 책은 없어요. 무슨 말이냐고요?

실록은 왕이 살아 있을 때 있었던 일을 죽은 후에 기록한 책이에요. 조선에서는 태조부터 모든 왕이 죽을 때마다 실록을 만들었어요. 즉 태조가 죽은 후 만든 실록은 《태조실록》이고, 세종 대왕이 죽은 후 만든 것은 《세종실록》이에요. 이렇게 472년에 걸쳐 만들어진 25대 왕의 실록들을 모두 모아 조선왕조실록이라고 부르는 거랍니다. 조선의 왕은 27명인데 이상하다고요? 일제 강점기 때 만들어진 고종과 순종의 실록은 왜곡이 심해서 조선왕조실록에 포함시키지 않았어요.

전 세계적으로 이렇게 오랜 기간의 역사 기록이 그대로 남아 있는 것은 조선왕조실록 하나뿐이라고 해요. 또 이 책은 다른 나라의 실록과 달리

① 사관은 왕과 신하가 하는 모든 말과 행동을 사실 그대로 기록해요. 이 기록이 사초예요.

② 왕이 죽으면 실록을 만드는 실록청이 세워져요.

활자 인쇄를 했어요. 조선왕조실록에는 정치, 경제, 사회뿐 아니라 천문, 지리, 음악, 과학 등 방대한 내용이 담겨 있어요. 게다가 왕과 신하, 서민들의 생활까지 알려 주는 귀한 자료랍니다. 조선왕조실록은 세계에서 유례가 없는 방대한 내용의 역사서여서 세계 기록 유산으로 등재됐어요.

그럼 이 방대한 기록을 쓴 사람들은 누구일까요?

조선에는 왕 옆에서 왕과 신하가 주고받는 말과 행동을 낱낱이 기록하는 사관이 있었어요. 사관은 올바른 역사관을 갖고 있어야 하고, 때로는 왕이 자신의 잘못을 기록하지 못하게 해도 용기 있게 버텨야 했어요. 이렇게 사관이 쓴 기록을 '사초'라고 해요. 조선에서는 역사를 왜곡하지 못하도록 왕을 포함한 누구도 사초를 볼 수 없고 고칠 수도 없었다고 해요.

이렇게 만들어진 사초는 실록의 주된 자료였어요. 조선에서는 왕이 죽으면 실록청이라는 기관을 세우고, 이곳에서 사초와 여러 가지 정부 기관의 기록을 종합해 실록을 만들었어요.

③ 실록청에서 사초와 여러 기관의 기록을 종합해 실록을 만들었어요. 실록은 사고에 보관되어 오직 사관만 볼 수 있었어요.

《태조실록》과 《태종실록》
조선의 25대 왕의 실록을 합하여 조선왕조실록이라고 해요.

조선왕조실록 살펴보기

정종 1권, 1년(1399년 기묘) 1월 7일(무인) 두 번째 기사

사관이 비로소 경연에 들어오다

사관이 비로소 경연에 들어와 임금을 뵈었다. 처음에 임금이 사관을 가까이하지 아니하니, 문하부에서 상소하여 두 번째 청하였는데, 올린 글은 대략 이러하였다.

"사관의 직책은 임금의 말과 행동, 정사의 장점과 단점을 있는 그대로 써서 숨기지 않고 후세에 전하니, 보고 깨달아 잘못함이 없도록 주의하게 하자는 것입니다. (……) 특히 사관으로 하여금 날마다 좌우에 임금님을 뵈어 언어 동작을 기록하고, 그때그때의 정사를 적게 하여 만세의 큰 규범을 삼도록 하소서."

임금이 그대로 따랐다. 경연청의 관리 조박이 나와서 말하였다.

"임금이 두려워할 것은 하늘과 사관이 기록하는 역사입니다. 하늘은 푸르고 높은 것만이 아니라 하늘의 바른 도리를 뜻합니다. 사관은 임금의 착하고 악한 것을 기록하여 후대에 남기니, 두렵지 않습니까?" (……)

조선 시대에 사관이 어떤 일을 했는지, 왜 이런 일을 했는지 알 수 있는 내용이에요. 사관은 왕과 정치의 모든 것을 그대로 기록해 후대에 남겼어요. 그래서 왕은 후대에서 자신을 평가할 수 있는 역사 기록을 가장 두려워했어요. 사관과 실록은 바르고 떳떳한 정치를 하려고 노력한 조선의 정치 문화를 보여 줘요.

조선왕조실록에 이런 내용이 있구나!

※한글 번역 참고·인용 한국 고전 종합 DB, 국가 기록원 어린이 조선왕조실록

《정종실록》 본문

세종 80권, 20년(1438년 무오) 3월 2일(병술) 네 번째 기사
임금이 《태종실록》을 보려 했으나 신하들이 반대하다

　임금(세종 대왕)이 《태종실록》을 보려고 하자 황희, 신개 등의 신하들이 모두 말하기를, "역대 임금으로서 비록 조종(임금의 조상)의 실록을 본 사람이 있더라도 본받을 사항은 아닙니다. 당 태종이 실록을 보고자 하자 저수량과 주자사 등이 말하기를, '폐하께서 혼자 보신다면 큰 문제는 없지만, 만약 실록을 보는 법이 자손에게 전해지면, 후세에 그른 일을 옳게 꾸미고 단점을 장점으로 고치게 될 것이며, 사관이 (만일 자신의 기록 때문에) 죽음을 면치 못하게 된다면 임금의 뜻에 순응하여 목숨을 보존하려 하지 않을 사람이 없을 것이니, 그렇다면 천년 후의 후손들은 무엇을 믿겠습니까.'라고 하였습니다. 저희들의 생각은 바로 이 말과 같습니다. (……) 만약 태종의 일을 모범으로 삼으시고자 하신다면, (그 일들은) 다른 역사책에 잘 기록되어 있습니다. 어찌 반드시 지금의 실록을 보셔야만 알 수 있겠습니까. 하물며 《태종실록》을 편찬한 신하들이 지금 현재 모두 살아 있는데, 만약 전하께서 실록을 보신다는 말을 들으면 사관들의 마음이 불안할 것이며, 신 등도 또한 타당하지 못하다고 여깁니다."라고 하였다.
　임금이 마침내 《태종실록》을 보지 않았다.

신하들이 왕에게 실록을 보지 말라고 말하는 내용이에요. 이런 전통 때문에 조선의 사관들은 사실을 객관적으로 기록할 수 있었어요.

※한글 번역 참고·인용 국가 기록원 어린이 조선왕조실록

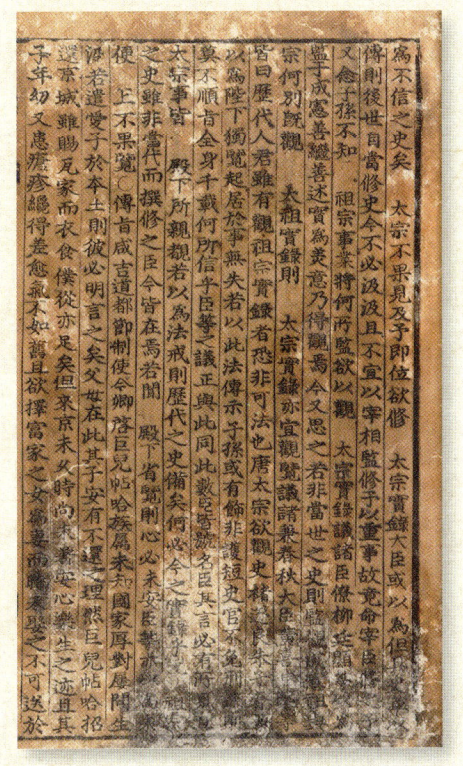
《세종실록》 본문

5장 우리나라의 유네스코 세계 유산 2

조선
세계 기록 유산
국보 303호

승정원일기
왕의 비서들이 쓴 일기

승정원은 조선 시대 왕의 비서 기관이에요. 오늘날로 말하면 대통령 비서실에 해당해요. 승정원은 왕의 명령을 신하에게 전달하고, 신하의 의견을 받아 왕에게 전달하는 역할을 하였어요.

승정원에서는 매일매일 일기를 쓰듯이 왕에 대한 모든 것을 기록했어요. 이 기록이 바로 《승정원일기》예요. 실록이 나라 전반에 대한 기록이라면, 《승정원일기》는 왕에 초점을 맞추어 쓴 기록이에요. 《승정원일기》에는 왕의 기분과 건강까지 상세히 적혀 있어요. 그래서 《승정원일기》를 읽고 있으면 조선 왕실에 와 있는 것 같은 생각이 들어요.

또 정확한 날짜와 날씨, 매일 일어난 일들이 상세히 적혀 있어서 《승정원일기》는 조선의 정치적 상황과 왕의 생활 모습을 알 수 있는 훌륭한 자료예요. 게다가 이 책에 적힌 매일의 날씨는 당시의 기상 정보까지 알려 주고 있어요.

《승정원일기》는 조선이 세워졌을 때부터 쓰였지만 안타깝게도 여러 차례의 전쟁으로 많이 없어졌어요. 남아 있는 것은 인조 때인 1623년부터 일본에 주권을 빼앗긴 1910년까지의 기록뿐이에요. 하지만 남은 기록이라 해도 288년간 쓴 3,243권이라 그 양이 조선왕조실록의 5배가 넘어요. 모두 한글로 번역하는 데 100년이 걸릴 것이라고 하니 정말 대단하지요?

《승정원일기》는 조선왕조실록과 다른 측면에서 조선 사회의 모습을 알려 주는 방대한 자료여서 세계 기록 유산으로 등재됐어요.

《승정원일기》 (국보 303호)
승정원의 관리가 매일 쓰고, 한 달씩 묶어서 책으로 만들었어요.

《승정원일기》 본문

영조 1년 을사(1725년, 옹정 3) 8월 7일(임신) 맑음

성상(임금)의 체후(건강 상태)와 대왕대비전 등의 기후(몸과 마음의 상태)를 묻는 약방 도제조 민진원, 제조 신사철, 부제조 김취로가 아뢰기를,
"밤사이 조섭(건강이 회복되게 몸을 보살핌)하시는 성상의 체후가 어떠하십니까? 탕제를 드셨는데 추워서 기운이 응축되는 증상과 변이 묽은 증상 등은 혹 차도가 있으며, 현기증은 다시 발병하지 않으셨습니까? 대왕대비전의 기후는 어떠하시며, 왕대비전의 기후는 또한 어떠하십니까? 신들이 밤새 걱정한 나머지 감히 와서 문안드립니다." 하니, 답하기를, "알았다. 대왕대비전의 기후는 한결같으시고, 왕대비전의 기후도 한결같으시다. 나는 추워서 기운이 응축되는 증상은 일단 재발하지 않았고 변을 보는 횟수도 줄었는데, 현기증이 심했다 덜했다 한다. 탕약은 어제 이미 먹었다." 하였다.

※ 한글 번역 인용 한국 고전 종합 DB

조선 왕조 의궤

조선 왕실의 행사 보고서

　조선 왕실에서는 결혼, 장례, 즉위, 책봉, 왕실 잔치, 사신 영접 같은 국가적인 행사를 할 때 이것을 모두 조선 왕조 의궤에 기록했어요.

　조선 왕조 의궤를 만든 목적은 이름에 나타나 있어요. '의'는 의식, '궤'는 바퀴란 뜻으로, 바퀴가 궤도를 따라가듯 유교 정신에 맞는 왕실의 행사를 의궤로 남겨 후대에도 그 전통이 계속되게 하려는 것이었어요.

　또 비슷한 행사를 치를 때 기존의 의궤를 참고할 수 있어서, 국가의 재정이 함부로 사용되는 것도 막을 수 있었어요.

　조선은 나라의 큰 행사마다 의궤청을 설치해 의궤를 만들었어요. 의궤에는 날짜순으로 행사를 치른 과정이 빠짐없이 기록됐어요. 행사 진행 과정, 동원된 인원, 경비 지출 내용, 건물의 설계와 제작 등을 모두 쓰고 행사 과정을 그림으로 그렸어요. 그림은 도화서의 화원들이 그렸어요.

　조선 왕조 의궤는 600년 동안의 조선 왕실의 모습과 유교적인 전통, 의례 형식의 변화 등을 보여 주는 귀중한 자료예요. 유네스코에서는 이런 가치를 인정해 조선 왕조 의궤를 세계 기록 유산으로 지정했어요.

의궤는 조선 왕실의 유교 문화를 잘 보여 줘.

　현재 조선 왕조 의궤는 우리나라에 3,400여 권이 있고, 그 외에도 많은 의궤가 전 세계에 흩어져 있어요. 그중 1866년 병인양요 때에 프랑스가 외규장각에서 빼앗아 간 297권은 145년 만인 2011년에 영구 대여 형식으로 우리나라로 돌아왔어요. 또 같은 해에는 일제 강점기에 일본이 빼앗아 간 167권도 90년 만에 우리나라에 반환됐어요.

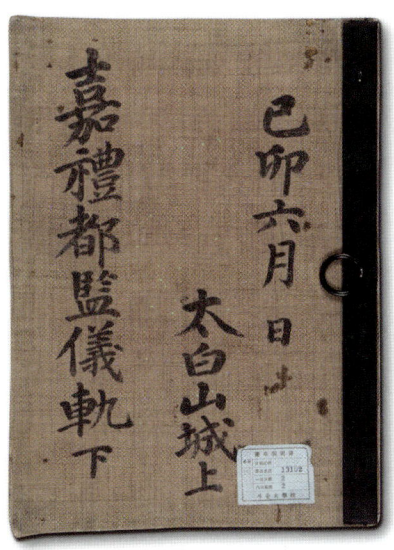

《영조 정순후 가례도감 의궤》
66세의 영조가 15세의 정순 왕후와 혼인을 하는 과정을 담은 의궤예요. 이 의궤에는 행사 장면을 그대로 담은 반차도가 있어요.

《영조 정순후 가례도감 의궤》의 반차도
영조가 탄 가마와 가마를 호위하는 행렬의 모습이에요. 왕의 가마에 왕의 모습이 보이지 않아요. 하늘 같은 왕을 그리면 무례한 일이라 그리지 않았다고 해요.

5장 우리나라의 유네스코 세계 유산 2 | 조선 세계 기록 유산 보물 1085, 1085-1~3호

동의보감 동양 최고의 의학 백과사전

　우리나라 역사 속에는 허준이라는 아주 유명한 의사가 있어요. 허준을 주인공으로 한 텔레비전 드라마와 소설이 있을 정도예요.

　허준은 궁궐에서 왕의 병을 돌보는 어의였어요. 조선 선조 때 임진왜란이 일어나자 다친 사람이 많아지고 전염병이 돌았어요. 그래서 선조는 허준에게 일반 백성들도 이해할 수 있는 의학책을 만들게 했어요. 허준은 중국에서 전해진 의술을 우리나라에 그대로 적용시킬 수 없다는 걸 이미 알고 있었어요. 그래서 그때까지 전해 오던 중국과 우리나라의 의학책을 모두 연구해 우리나라 사람을 치료하는 데 알맞은 《동의보감》을 만들었어요.

　《동의보감》은 허준이 16년 동안 연구해 만든, 25권이나 되는 의학 백과사전이에요. 예전에는 우리의 전통 의학을 한의학이라고 하지 않고 '동의'라고 불렀어요. '보감'은 본보기가 될 만한 귀한 책이라는 뜻이고요.

　《동의보감》은 각 병에 따른 처방이 잘 정리되어 있고 활용하기 쉬워서 조선뿐 아니라 일본과 중국에서도 여러 번 출판됐어요. 《동의보감》에 인용된 의학책은 총 189종이에요. 다양한 관점의 의학책을 하나의 관점에서 통합하고 정리한 것이지요. 또 《동의보감》은 중국의 비싼 약재 대신에 쉽게 구할 수 있는 우리의 약재들을 소개하여, 백성들도 쉽게 약재를 구해 사용할 수 있게 했어요. 《동의보감》은 이러한 가치를 인정받아 유네스코 세계 기록 유산으로 등재됐어요.

《동의보감》(보물 1085호)
총 25권의 의학 백과사전이에요. 《동의보감》은 우리나라에서 쉽게 구할 수 있는 약재를 많이 소개했어요. 또 아프기 전에 몸을 보호해야 한다는 예방 의학을 강조했지요.

인류 무형 문화유산
종묘 제례·중요 무형 문화재 56호
종묘 제례악·중요 무형 문화재 1호

종묘 제례 및 종묘 제례악 _{죽은 왕들을 위한 의식}

앞에서 조선 시대에는 종묘에서 죽은 왕과 왕비에게 제사를 지냈다는 얘기를 했었지요? 이 제사 의식을 '종묘 제례'라고 해요.

조선은 유교를 중시해서 조상에 대한 제사 의식을 매우 중요하게 생각했어요. 특히 왕실의 의식인 종묘 제례는 유교 절차에 맞추어 엄숙하고 성대하게 치러졌어요.

종묘 제례의 절차는 일반 제사와 비슷해요. 신을 맞이하는 일과 신이 즐기도록 음식과 술을 대접하는 일, 신을 다시 하늘로 보내는 일의 차례로 진행되지요. 일반 제사와 달리 종묘 제례에는 '종묘 제례악'이라는 음악과 춤이 있어요. 종묘 제례악은 신성하고 엄숙한 분위기를 느끼게 해 줘요.

종묘 제례악은 1449년에 세종 대왕이 전래 음악을 바탕으로 작곡한 보태평과 정대업을 연주해요. 보태평은 역대 왕들의 학문적 업적을 찬양하는 음악이고, 정대업은 역대 왕들의 무공을 찬양하는 음악이에요. 이 음악에 맞추어 일무라는 춤을 추는데 보태평에는 문무를, 정대업에는 무무를 춰요.

왕실의 후손들은 지금도 매년 종묘 제례를 지내고 있어요. 종묘 제례와 종묘 제례악은 수백 년 동안 전해 내려온 무형적인 가치와 궁중 음악의 장엄한 아름다움을 인정받아 인류 무형 문화유산으로 등재됐어요.

종묘 제례악(중요 무형 문화재 1호)
보태평과 정대업을 편종이나 편경, 대금, 아쟁 등의 여러 악기로 연주하고, 조상들의 공덕을 찬양하는 노래를 불러요.

종묘 제례악
일무를 추는 모습이에요. 문무를 출 때는 '약'이라는 관악기와 꿩 깃털로 만든 '적'을 들어요. 무무를 출 때에는 '검'과 '창'을 들어요.

종묘 제례(중요 무형 문화재 56호)

조선 왕실의 후손들은 지금도 매년 종묘 제례를 지내.

175

판소리 이야기가 있는 전통 음악

"이리 오너라 업고 놀자. 사랑 사랑 내 사랑이야. 사랑이로구나, 내 사랑아."

판소리 〈춘향가〉의 유명한 가사예요. 사랑가라고 하는데, 이몽룡과 춘향이 서로 사랑이 깊어졌을 때 부르는 노래예요. 판소리는 소리꾼이 고수의 북장단에 맞추어 구경꾼들 앞에서 노래로 연극을 하는 거예요. 판소리의 '판'은 판을 벌인다는 뜻으로 사람들이 많이 모인 장소를 말해요.

판소리에서는 이야기 한 편을 '마당'이라고 불러요. 옛날에는 판소리를 하는 곳이 주로 마당이어서 그렇게 부르게 됐대요. 원래 판소리는 열두 마당이었는데 현재는 〈춘향가〉, 〈심청가〉, 〈수궁가〉, 〈흥보가〉, 〈적벽가〉의 다섯 마당만 남아 있어요. 마당의 이름이 낯설지 않죠? 여러분이 알고 있는 흥부 이야기, 심청 이야기, 토끼와 자라 이야기 등은 먼 옛날부터 입에서 입으로 전하는 구전 문학이었어요. 이 구전 문학이 판소리가 된 것이지요.

판소리는 소리꾼이 혼자서 이야기에 나오는 모든 등장인물의 역할을 해요. 판소리 한 마당은 2~8시간 정도 되는데, 이 긴 시간 동안 한 명의 소리꾼이 울고 웃으면서 소리를 하는 것이에요. 정말 대단하지요?

소리꾼이 노래를 잘하려면 고수가 북을 치며 "좋지!", "어이!" 하며 추임새를 넣어야 해요. 판소리에서는 관중의 역할도 아주 중요해요. 관중이 "얼씨구!" 하며 흥을 돋아 주어야 소리꾼도 신 나게 소리를 할 수 있어요. 판소리는 배우나 가수의 노래를 경청해야 하는 외국의 공연과는 아주 다르지요.

판소리는 소리꾼, 고수, 관중이 같이 판을 이루어 즐기는 우리나라만의 독창적인 문화유산이어서 인류 무형 문화유산으로 등재됐어요.

5장 우리나라의 유네스코 세계 유산 2 | 인류 무형 문화유산
중요 무형 문화재 13호

강릉 단오제 천년을 이어 온 전통 축제

양력 5월 5일은 어린이날이지요? 그럼 음력 5월 5일은 무슨 날인지 아나요? 그날은 우리의 명절 중에 하나인 단오예요.

옛날 삼한에서는 씨뿌리기가 끝난 5월에 풍년을 기원하며 노는 풍습이 있었어요. 이것을 우리나라 단오제의 기원으로 추측하고 있어요.

옛날부터 단오에는 풍년을 기원하는 제사를 지내고 여러 가지 놀이를 했어요. 여자들은 창포물에 머리를 감고 그네를 타고, 남자들은 씨름을 했어요. 쑥으로 떡을 만들어 먹기도 했지요.

강릉에서는 이런 단오의 풍습이 지금까지 전해지고 있어요. 매년 음력 4월에서 5월 초까지 '강릉 단오제'라는 전통 축제를 벌여, 옛날부터 내려오는 여러 가지 의식을 치르고 놀이를 해요. 강릉 단오제는 우리나라에서 가장 역사가 깊은 축제예요.

강릉 단오제는 먼 옛날 농경 사회의 문화를 잇는 지역 전통 축제로 인정받아 인류 무형 문화유산으로 등재됐어요.

그런데 강릉 단오제가 인류 무형 문화유산으로 등재될 때 중국이 단오가 자기들의 명절이라며 크게 반발했어요. 우리나라 단오의 유래가 중국에서 전해진 것일 수도 있어요. 하지만 중국의 단오와 강릉 단오제는 발전해 온 과정과 풍습이 달라요. 또 무엇보다 강릉 단오제는 강릉에서 약 천년 동안 유지된 축제예요. 유네스코도 이 점을 인정해 중국의 반대에도 강릉 단오제를 인류 무형 문화유산으로 지정했다고 해요.

그네 타기
여자들은 주로 그네 타기를 즐겼어요.

관노 가면극
가면을 쓰고 말없이 하는 가면극이에요.

단오굿
풍년을 기원하고 액을 막기 위해 굿을 해요.

창포물로 머리 감기
창포물에 머리를 감으면 머리에 윤기가 흐르고, 1년 동안 액을 막을 수 있다고 해요.

5장 우리나라의 유네스코 세계 유산 2

인류 무형 문화유산
중요 무형 문화재 8호

강강술래 여자들만의 신 나는 놀이

"강강술래, 강강술래……."

강강술래는 여자들이 손에 손을 잡고 빙빙 돌며, 노래를 부르고 춤을 추는 놀이예요. 강강술래의 '강'은 전라도 말로 주위 또는 원을 뜻해요. '술래'는 경계하느라 돌아다닌다는 뜻의 '순라'에서 나온 말이에요. 강강술래를 풀이하면 "주위를 경계하라."는 뜻이 돼요.

강강술래는 임진왜란 때 시작됐대요. 전쟁 중에 놀이를 만들었다니 조금 이상하지요? 사실 강강술래는 처음에는 놀이가 아니라 적을 속이기 위한 술책이었다고 해요. 이순신 장군은 일본군에게 강한 군사력이 있는 것처럼 위장하려고 여러 가지 전략을 생각했어요. 강강술래도 그 가운데 하나라고 해요. 이순신 장군은 수십 명의 여자를 모아 군복을 입히고 모닥불 주위를 돌며 노래를 부르게 했어요. 멀리서 이 모습을 보면 군사의 수가 많은 것처럼 보였다고 해요.

강강술래는 임진왜란이 끝난 뒤에도 마을의 놀이로 계속돼서 지금까지 전해지고 있어요. 전라도 해안 지방의 여성들이 주로 명절이나 보름날 강강술래를 하고 놀았어요.

강강술래를 할 때는 서로 손을 잡고 둥글게 돌면서, 노래를 잘하는 사람이 "강강술래!" 하며 앞 가사를 외치면 나머지 사람들이 뒤 가사를 불렀어요. 가사는 전해진 것도 있지만 놀이를 하며 즉흥적으로 지어 부르기도 했어요. 또 먼저 노래하는 사람이 빠르게 하면 따라 하는 사람들도

빠르게 하고, 춤도 빠르게 추었어요. 어떤 때는 북이나 장구 등의 악기로 반주를 해서 흥을 더했어요. 집 안에서 일만 하던 여자들은 이렇게 함께 춤추며 스트레스를 풀었다고 해요.

강강술래는 노래와 춤이 어우러진 종합 예술로서의 가치를 인정받아 인류 무형 문화유산으로 등재됐어요.

※ **강강술래 가사 인용** 해남 우수영 강강술래 보존회

5장 우리나라의 유네스코 세계 유산 2

인류 무형 문화유산
중요 무형 문화재 39호

처용무 _귀신을 쫓아내는 춤_

《삼국유사》에는 '처용'에 대한 얘기가 나와요. 통일 신라 시대에 동해에 사는 용의 아들이 인간 세상에 내려왔어요. 왕은 그에게 처용이라는 이름을 주고, 아름다운 여자와 결혼시키고 벼슬도 내렸어요. 그런데 역병 귀신이 처용의 아내를 탐하여 함께 어울렸어요. 이를 본 처용은 화를 내지 않고 오히려 춤을 추며 노래를 불렀다고 해요.

> 서울 밝은 달에 밤새도록 노닐다가
> 들어와 자리를 보니 다리가 넷이구나.
> 둘은 내 것이지만 둘은 누구의 것인가.
> 본래 내 것이지만 빼앗긴 것을 어찌하랴.
> 〈처용가〉

역병 귀신은 처용의 관대함에 놀라 앞으로 처용이 있는 집에 들어가지 않겠다고 약속했어요. 그 후부터 사람들은 처용의 얼굴이 그려진 부적을 대문에 붙여 역병 귀신이 들어오지 못하도록 했대요. 또 이때 처용이 부른 노래를 〈처용가〉라고 하고, 처용이 춘 춤에서 처용무가 유래됐어요.

처용무는 통일 신라 시대부터 시작되어, 조선 성종 때는 공식적인 궁중 의식에도 처용무를 췄어요. 궁궐 안의 나쁜 기운을 몰아내고 경사스러운 일을 바라는 마음이었지요. 처용무는 처용 탈을 쓰고 추는데, 탈의 생김

처용무(중요 무형 문화재 39호)

새가 아주 특이해요. 아마도 처용 탈에 신라와 교류했던 아라비아 상인들의 모습을 담은 것 같아요. 신라 사람들은 낯설고 무서운 얼굴로 나쁜 기운을 물리칠 수 있다고 생각했나 봐요.

처용무는 천년을 우리 민족과 함께한 우리나라 고유의 전통 무용으로 가치를 인정받아 인류 무형 문화유산으로 등재됐어요.

세계 문화유산, 이런 것도 있어요

남한산성 (사적 57호)

남한산성은 서울의 동남쪽을 지키는 산성이에요. 남한산성은 7세기 신라 문무왕 때 쌓은 주장성의 터를 활용해 조선 시대에 여러 차례에 걸쳐 쌓았어요.

남한산성은 새로 도입된 화포와 무기를 잘 활용할 수 있도록 중국과 일본의 산성 쌓는 기술의 장점과 다양한 군사 방어 기술을 반영하여 쌓았어요.

남한산성은 크게 적을 방어하는 성벽인 산성과 왕이 임시로 머물 수 있는 행궁으로 나뉘어요.

실제로 조선의 왕 인조는 청나라가 조선을 침입한 병자호란이 일어났을 때, 청나라 병사들을 피해 서울의 궁궐을 빠져나와 남한산성 행궁에 피신해 있었어요. 인조는 남한산성에서 47일 동안 항전했지만, 결국 삼전도 나루터(현재의 송파)까지 가서 삼배구고두(세 번 절하고 아홉 번 머리를 조아림)의 굴욕적인 항복을 했어요. 남한산성은 이런 아픈 역사를 간직하고 있는 곳이기도 해요.

남한산성의 성곽

유네스코는 남한산성이 신라 시대부터 조선 시대에 걸쳐 성을 쌓는 방법의 변화를 보여 주고 있다는 점을 높이 평가했어요. 또한 중세 유럽의 성과는 다르게 행궁을 포함하고 있다는 점, 지형을 잘 활용하여 계곡을 둘러싸고 쌓은 산성이라는 점을 높이 평가해 세계 문화유산으로 지정했어요.

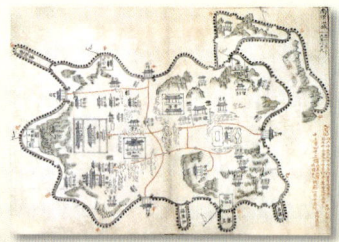

남한산성도
17세기 말에 제작된 것으로 추정되는 지도예요.

남문
산성의 서남쪽에 있는 문으로, 인조가 피신할 때 남문으로 들어왔어요.

수어장대
장군이 전장을 관찰하며 지휘한 지휘소의 역할을 했어요.

세계 기록 유산, 이런 것도 있어요

일성록(국보 153호)

《일성록》은 1760년(영조 36년)부터 1910년(융희 4년)까지 151년 동안 나라를 다스린 내용을 매일매일 일기체로 쓴 책이에요.

《일성록》의 유래는 정조가 세자일 때 쓴 일기예요. 정조가 규장각 관리들에게 자신의 일기처럼 정치 사항을 기록하게 하여 《일성록》이 시작됐어요. 글의 형식은 왕의 입장에서 쓴 일기이지만 정부에서 쓴 공식적인 기록이지요. 이 책은 총 2,329권으로 한 질만 있어요.

《일성록》은 나라 정치의 주요 문제들을 주제순으로 기록해, 후에 참고할 내용들을 바로 찾을 수 있게 했어요. 실록과 달리 《일성록》은 후대 왕이 볼 수 있어서 나라를 다스리는 데 도움을 주는 자료였어요. 또 《일성록》은 18~20세기 동서양의 정치·문화적 교류가 이루어진 내용을 담고 있어요.

이 책은 조선의 역사 기록물을 넘어서 세계사적인 중요성과 가치를 인정받아 세계 기록 유산으로 등재됐어요.

5·18 민주화 운동 사진

5·18 민주화 운동 기록물

전라남도 광주에서는 1980년 5월 18일부터 27일까지 군사 정권에 반대해 민주화를 요구하는 시민운동이 있었어요. 이 운동을 '5·18 민주화 운동'이라고 불러요. 당시 이 운동에 참여한 많은 시민이 죽거나 다쳤어요. 하지만 우리나라의 민주주의가 발전하는 큰 계기가 됐고, 동아시아 국가들의 민주화에도 많은 영향을 끼쳤어요.

5·18 민주화 운동 기록물은 민주화 운동과 관련한 시민들의 선언문과 취재 수첩, 국가 기관의 자료, 사건의 책임자 처벌 문서, 피해자 보상 문서, 영상 등이에요.

유네스코에서도 이 운동의 가치와 의의를 인정해 5·18 민주화 운동 기록물을 세계 기록 유산으로 지정했어요.

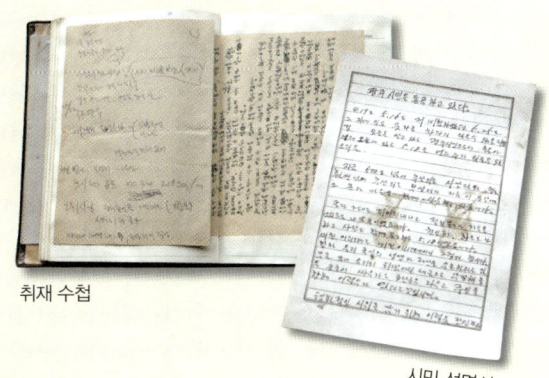

취재 수첩

시민 성명서

난중일기 (국보 76호)

《난중일기》는 이순신 장군이 임진왜란이 일어난 1592년부터 1598년 노량해전에서 전사하기 전까지, 7년 동안 왜구와 싸우면서 쓴 일기예요.

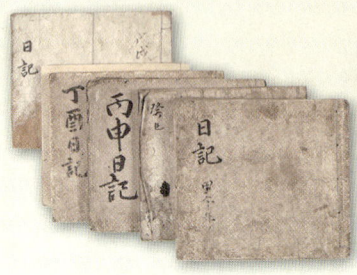

《난중일기》에는 매일의 전투 상황과 거북선을 활용한 전술, 전장의 기후와 지형, 이순신 장군의 개인적인 느낌, 백성들의 삶의 모습 등이 생생하게 담겨 있어요. 그래서 해당 시대 연구뿐만 아니라 국내와 다른 나라의 해전 연구에도 좋은 자료가 되고 있지요.

《난중일기》는 전쟁 지휘관이 직접 쓴 일기 형식의 전쟁 기록물로 역사적으로나 세계적으로 그 유래를 찾기 어렵다는 독특성이 있어요. 이와 함께 임진왜란의 유일한 해전 기록이라는 점, 해전 연구 자료로서의 중요성 등의 가치를 인정받아 세계 기록 유산으로 등재되었답니다.

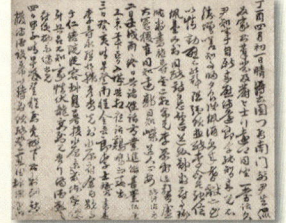
이순신 장군이 직접 쓴 《난중일기》의 초본

새마을 운동 기록물

새마을 운동은 1970년부터 1979년까지 정부와 국민들이 협력하여 빈곤을 퇴치하고, 생활 환경을 개선하기 위해 벌인 농촌 근대화 운동이에요. 새마을 운동은 세계에서 가장 가난한 나라 중에 하나였던 우리나라가 경제적으로 크게 성장하는 데 바탕이 되었어요.

2011년 국제 연합(UN)의 산하 기구인 세계식량기구와 UN아시아태평양경제사회이사회 등은 빈곤 퇴치의 모델로 새마을 운동을 채택했어요.

새마을 운동 기록물은 새마을 운동과 관련된 기록물들을 모아 놓은 것이에요. 대통령의 연설문, 행정 기관의 새마을 운동 관련 문서, 마을 단위의 사업 추진 서류, 새마을 운동 교재와 영상, 새마을 지도자의 성공 사례 등 다양한 기록들이 있어요.

새마을 운동 기록물은 새마을 운동이 어떻게 시작되었고 전개되었으며, 새마을 운동을 통해 사회가 어떻게 변화했는지 등을 보여 주는 중요한 자료예요.

유네스코는 새마을 운동 기록물이 다른 개발 도상국에 경제 근대화의 모델이자 교과서 역할을 하고 있으며, 현대 경제사 연구에 중요한 자료로서 가치가 있음을 인정해 세계 기록 유산으로 지정했어요.

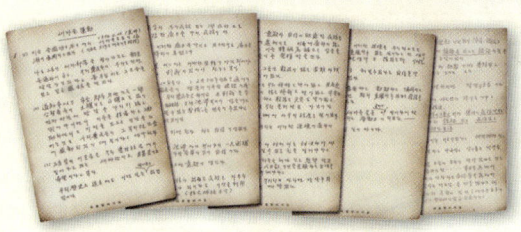
새마을 운동의 기본 방향을 담은 박정희 대통령의 친필 기록

남사당놀이 (중요 무형 문화재 3호)

'남사당'은 무리를 지어 이곳저곳 떠돌아다니면서 소리를 하고 춤을 추던 남자들을 말해요. 남사당은 농촌과 어촌을 돌아다니며 주로 서민층을 대상으로 놀이를 펼쳤어요.

남사당놀이는 아주 오래전부터 전해지다가 조선 후기에 서민들이 즐기는 대표적인 놀이로 발전했어요. 그래서 서민들의 힘든 삶을 드러내거나 양반 사회의 부도덕성을 재미있게 비판한 내용이 많아요. 현재 전해지는 남사당놀이는 풍물(농악), 버나(대접, 버나돌리기), 살판(땅재주), 어름(줄타기), 덧보기(탈놀이), 덜미(꼭두각시놀음)로 진행돼요. 남사당놀이는 서민의 애환을 시원하게 풀어 주고 흥과 신명을 불어넣어 주어, 우리 민족예술의 바탕이 됐어요.

영산재 (중요 무형 문화재 50호)

불교에서는 사람이 죽은 지 49일째 되는 날에 '사십구재'라는 제사를 지내요. 영산재는 주로 사십구재를 지낼 때 치르는 의식이에요. 영혼이 불교를 의지해 극락에서 영원한 삶을 누릴 수 있기를 바라는 마음에서 하는 것이지요.

영산재는 영혼을 위로하는 엄숙한 의식으로 절차가 매우 복잡해요. 영산재의 행렬 의식에서는 해금, 북, 장구 등의 악기를 연주하고 바라춤 등을 추어 부처님의 공덕을 찬양해요. 지금은 영산재의 보존을 위해 서울 봉원사에서 매년 영산재를 지내고 있어요. 영산재에서 진행되는 음악과 춤은 우리 전통 민속 음악과 민속 무용에도 큰 영향을 끼쳤어요.

제주 칠머리당 영등굿 (중요 무형 문화재 71호)

옛날 제주의 해녀들은 해산물을 채취해서 살았어요. 그래서 해산물을 많이 잡을 수 있도록 바람의 신인 영등신에게 바다의 풍요와 마을의 안녕을 굿으로 기원했어요.

영등굿은 음력 2월에 제주 곳곳에서 열려요. 그 가운데 건입동 칠머리당에서 펼쳐지는 제주 칠머리당 영등굿은 500년 이상 이어진 전통이 있는 굿이어서 인류 무형 문화유산으로 등재됐어요. 제주 칠머리당 영등굿은 해녀뿐만 아니라 어부, 동네 사람 모두가 참여하는 마을굿이에요. 게다가 제주도 특유의 해녀 신앙과 민속 신앙이 담겨져 있는, 우리나라에 하나뿐인 해녀 굿이라 더욱 가치가 있어요.

가곡 (중요 무형 문화재 30호)

가곡은 우리나라 고유의 정형시인 시조를 피리, 가야금 같은 관현악 반주에 맞추어 부르는 노래예요. 판소리가 서민들의 노래라면 가곡은 주로 선비들이 불렀어요. 5장 형식으로 되어 있는 가곡은 다른 정통 성악인 시조나 가사에 비해 세련되고 예술성이 아주 뛰어나요.

가곡에는 원래 만대엽·중대엽·삭대엽이 있었는데, 만대엽과 중대엽은 조선 시대에 사라졌어요. 현재 전하는 가곡은 세 가지 중에 가장 빠른 노래인 삭대엽에서 발전한 것이에요.

대목장 (중요 무형 문화재 74호)

목장은 나무 다루는 일을 하는 사람을 말해요. 그중에서 대목장은 목재의 선정부터 설계, 건물의 배치, 기술자들의 통솔까지 집의 완성을 책임지는 역할을 해요. 우리나라의 옛 건물은 나무로 지은 것이 많아요. 대목장은 궁궐, 사찰 등 나라의 중요한 건물을 짓는 일을 했어요. 그래서 통일 신라, 고려, 조선에서는 대목장에게 벼슬을 주었어요. 대목장은 훌륭한 스승 밑에서 오랫동안 경험을 쌓고, 기술이 좋은 사람만이 될 수 있었어요. 현대에는 전통적인 방법으로 집을 짓는 일이 거의 없어서 안타깝게도 기술을 전수하기가 힘든 실정이에요.

매사냥

매를 길들여 꿩이나 토끼 등을 잡는 매사냥은 고대부터 세계 각지에서 이루어졌어요. 우리나라에서는 고구려 고분 벽화와 《삼국유사》 등에 매사냥을 한 기록이 남아 있어요. 특히 고려에는 매를 교육시켜 매사냥을 하는 관청이 있을 정도로 매사냥이 활발히 이루어졌어요.

매사냥은 야생의 매를 잡아 훈련을 시켜 사냥에 이용해요. 매가 사람과 친해지는 것부터 시작해서 나중에는 사람의 명령에 따라 사냥감을 먹지 않고 가져오게 해요. 매사냥은 세계 60여 개 나라에서 즐겨 온 사냥 방법이어서, 우리나라를 포함한 11개국이 공동으로 매사냥을 인류 무형 문화유산으로 등재했어요.

택견 (중요 무형 문화재 76호)

택견은 우리나라 고유의 전통 무술이에요. 고구려 고분 벽화에 택견을 하는 모습이 있고, 고려에서는 무인들 사이에서 택견이 성행했어요. 또 조선에서는 택견이 널리 퍼져 일반인들도 즐겼어요. 택견은 이름이 태권도와 비슷하지만 태권도와는 전혀 다른 무술이에요. 택견은 독특한 리듬을 타며 다리걸기, 발차기, 던지기 등의 기술로 유연하게 상대를 제압하고 스스로를 방어해요. 손도 사용하지만 주로 발을 사용하지요. 택견은 리듬을 타는 무술로 예술성이 짙어요.

줄타기 (중요 무형 문화재 58호)

줄타기는 공중에 있는 줄 위에서 재주꾼이 걸어 다니며 노래하고 춤추며 재미있는 이야기를 하는 놀이예요.

줄타기는 두 가지 종류가 있어요. 하나는 주로 양반들을 위해 공연한 광대 줄타기로, 순수하게 줄타기만 해서 기술의 종류가 많고 솜씨가 뛰어났어요. 다른 하나는 서민들에게 공연한 어름 줄타기로, 양반을 풍자한 이야기나 바보짓 등으로 오락적인 성격이 강했어요. 우리나라의 줄타기는 외국과 달리 노래와 재담을 섞어 줄 타는 사람과 구경꾼이 함께 어우러져 노는 데 큰 의미가 있어요.

한산 모시 짜기 (중요 무형 문화재 14호)

모시는 모시풀의 줄기 껍질로 만든 여름 직물로 옛날부터 이용돼 왔어요. 특히 충청남도

한산 지방의 모시는 품질이 좋아서, 모시 하면 한산 모시를 떠올릴 정도로 유명해요. 한산 세모시는 "밥그릇 하나에 모시 한 필이 다 들어간다."라는 말이 있을 만큼 가늘고 고와요.

모시는 태모시 만들기, 모시 째기, 모시 삼기, 모시 날기, 모시 매기, 꾸리 감기, 모시 짜기, 실 잇기, 표백하기의 과정을 거쳐 만들어요. 모시 째기는 사람이 말린 모시풀 껍질을 앞니로 쪼개야 하는데, 입술이 다 부르트고 피가 날 정도로 힘들다고 해요. 이렇게 모시 짜기에는 기술뿐만 아니라 정성과 인내심이 많이 필요해요.

아리랑

아리랑은 우리의 전통 민요 가운데 '아리랑~' 또는 '아라리~'라는 노랫말이 들어가는 곡들을 통틀어 이르는 말이에요. 아리랑의 애절한 가락에는 남녀의 사랑, 이별, 한 등 우리 민족의 정서와 감정이 담겨 있어요.

아리랑은 오랜 시간에 걸쳐 전해지면서 지역 특색에 맞게 다양한 형태의 아리랑으로 발전했어요. 현재 전해지는 아리랑의 종류만도 남북한 합하여 60여 종이나 돼요. 그 가운데에서 강원도의 정선 아리랑, 전라도의 진도 아리랑, 경상도의 밀양 아리랑이 유명해요.

김장 문화

김치는 한국인에게 없어서는 안 될 중요한 음식이에요. 우리나라 사람들은 추운 겨울이 오기 전에 겨우내 먹을 많은 양의 김치를 담그는데, 이를 김장이라고 해요.

김장은 먼 옛날부터 지금까지 이어져 온 우리의 음식 문화예요. 우리 조상들은 겨울이 길고 추운 특성에 맞추어 채소를 젓갈과 고춧가루로 양념하여 발효시킨 김치를 만들어 먹었어요. 김장 문화에는 우리나라 자연환경에 가장 적합하게 음식을 저장하는 방법을 개발한 조상들의 지혜가 담겨 있어요.

예로부터 김장은 시어머니와 며느리, 친척이 함께 김치를 만들어 나누는 큰 행사였어요. 이때 경험이 많은 사람이 다른 사람에게 김장에 관한 지식과 기술을 자연스럽게 전해 주었어요. 또한 이웃이 함께 품앗이로 김장을 해 주면서 음식을 나누고 정을 나누었지요. 지금도 대부분의 한국인은 김장을 하고 김치를 나누어 먹어요.

김장 문화는 함께 만들고 나누는 가족애, 공동체 의식, 가족 구성원 등을 통해 기술이 전승되는 점 등의 가치를 인정받아, 인류 무형 문화유산으로 등재되었어요.

농악

명절이나 마을 축제, 씨름 대회 등에서 흥을 돋우기 위해 농악을 하는 모습을 보았을 거예요. 상모를 쓴 사람들이 꽹과리, 장구, 징, 북, 태평소 등 우리 전통 악기들을 연주하며 어깨를 들썩이고 춤추는 모습은 보기만 해도 흥겹지요.

농경 사회에서 농악은 마을 주민의 단합과 결속을 도모하여 마을 주민으로서의 정체성을 이끌어 주었어요. 마을 주민이 김매기, 모내기 등 힘든 일을 같이 할 때에 농악으로 흥을 돋우고, 추수를 한 뒤에도 농악으로 다 같이 즐겼지요.

도시화가 많이 진행된 현재에도 농악은 공연 예술의 한 장르이자, 축제 문화로 다양한 행사에서 공연되고 있어요.

유네스코는 우리나라가 급격히 도시화가 되는 과정에서도 농악이 공연 및 축제 문화로 살아남아 있다는 점을 높이 샀어요. 또한 어느 곳에서나 공연이 가능하고 관객과 공연자가 함께 호흡하며 흥을 즐길 수 있다는 점도 높이 평가해 농악을 인류 무형 문화유산으로 지정했어요.

| 사진 출처 |

Dreamstime 83p 포석정지

Tomo.Yun (www.yunphoto.net/ko/) 99p 품계석, 근정전 내부, 사정전, 126p 청운교와 백운교, 자하문, 128p 연화교와 칠보교, 안양문, 137p 종묘 정전, 정전의 기둥들, 138~139p 창덕궁의 부용정과 부용지, 140p 창덕궁 돈화문, 141p 창덕궁 금천교, 천장문, 주합루와 어수문, 143p 서북 공심돈

Wikimedia Commons 16p 타지마할(Dhirad), 17p 그랜드 캐니언 국립 공원(Poco a poco), 마추픽추(icelight), 경극(刻意), 21, 189p 줄타기(Rhett Sutphin), 23p 화재로 무너진 숭례문, 25p 만리장성(Samxli), 28p 〈몽유도원도〉, 47p 광개토 대왕릉비 탁본(Commonsenses), 60p 첨성대(Zsinj), 64p 천마총(Julien Ambrosiano), 67p 병마용들(Robin Chen), 73p 김유신 묘(Alain Seguin), 십이지 신상 중 말상(Lawinc82), 74p 석가탑, 75p 다보탑, 91p 무량수전(ko:Excretion), 92p 〈수월관음도〉(일본 가가미 신사 소장), 94p 숭례문(Isageum), 95p 숭례문 현판(ddol-mang), 흥인지문 현판(Mark Froelich), 99p 강녕전(Joon-Young, Kim), 경회루(eimoberg), 103p 경주 석빙고 내부(Steve46814), 경주 석빙고 외부(Julien Ambrosiano), 입구에 쓰인 글씨, 경주 석빙고 환기구(Brian Yap), 105p 앙부일구(Bernat), 116p 평양성(John Pavelka), 117p 금강산 내금강 묘길상 마애불, 121p 고창 고인돌(Kussy), 125p 황남대총(rinux), 황룡사터(Junho Jung), 삼릉 계곡 마애 관음보살상(eimoberg), 임해전터와 안압지(Andrew Bell), 128p 불국사 금동 비로자나불 좌상(mikeswe), 불국사 대웅전(Pachinee Buathong), 142p 팔달문(Kbarends), 143p 봉돈(oreum), 148p 양동 마을 관가정(Kok Leng Yeo), 163p 《훈민정음》, 175p 종묘 제례악(joonghijung), 184p 남문(메탈 bae6607), 184p 수어장대(Arne Hückelheim), 187p 남사당놀이(Isageum), 189p 택견(Metal693), 190p 농악(hojusaram)

Wikipedia 49p 무용총 수렵도, 117p 대동문(David Stanley)

간송미술관 86~87p 청자 상감 운학무늬 매병, 111p 〈단오풍정〉

경기도박물관 113p 〈책가도〉

경북과학대학교박물관 전통문화체험학교 39p 발굴 체험

고려대학교박물관 140~141p 동궐도 전체, 부분

고창고인돌박물관 123p 탁자식 고인돌, 바둑판식 고인돌, 개석식 고인돌

국립경주박물관 67p 토우장식 목 항아리, 여인상 토용, 남자상 토용, 70p 황남대총 금관, 천마총 금제 관모, 71p 금관총 새 날개 모양 관 꾸미개, 황남대총 금제 허리띠, 79p 성덕 대왕 신종 용뉴, 성덕 대왕 신종 비천상

국립공주박물관 56p 무령왕릉 지석, 57p 무령왕비 금동 신발, 무령왕 금 귀걸이, 무령왕 금제 관식, 무령왕릉 오수전, 무령왕릉 석수

국립중앙박물관 27p 연가 7년명 금동 여래 입상, 53p 백제 금동 대향로, 59p 금동 미륵보살 반가 사유상, 65p 천마도, 흥선 대원군 기린 흉배, 70p 부부총 금제 귀걸이, 88p 청자 참외모양 병, 청자 투각 칠보무늬 향로, 청자 용머리 장식 붓꽂이, 청자 상감 모란무늬 표주박모양 주전자, 89p 분청사기 모란무늬 장군, 분청사기 귀얄무늬 대접, 분청사기 모란 넝쿨무늬 항아리, 청화 백자 매조죽무늬 유개 항아리, 백자 철화 끈무늬 병, 백자 달항아리, 105p 휴대용 앙부일구, 109p 대동여지도 목판, 대동여지도 첩, 111p 〈서당〉, 〈무동〉, 145p 〈화성 능행도〉 중 〈서장대 야조도〉, 〈한강 주교 환어도〉

김대성 106p 창경궁 자격루, 147p 건원릉

동북아역사재단 49p 강서대묘 사신도 중 현무, 50p 덕흥리 고분의 구조, 51p 안악 3호분 고분 벽화 무덤 주인의 초상, 무덤 주인 부인의 초상, 부엌과 창고의 모습, 우물의 모습

문수민 31p 박물관, 46p 광개토 대왕릉비 모형, 79p 성덕 대왕 신종, 100p 거북선

문화재청 "공공누리에 따라 문화재청의 공공저작물 이용" 184p 성곽, 184p 남한산성도, 186p 《난중일기》 표지, 내지

북앤포토 80p 성덕 대왕 신종 바닥, 140p 창덕궁 옥류천과 소요암

불교중앙박물관 76p 무구정광대다라니경

삼성미술관 Leeum 113p 〈인왕제색도〉

서울대학교 규장각 16, 165p 조선왕조실록, 29p《명성 황후 국장도감 의궤》, 144p《화성 성역 의궤》, 166p《정종실록》, 167p《세종실록》, 169p《승정원일기》, 본문, 171p《영조 정순후 가례도감 의궤》, 반차도, 185p《일성록》

서천군청 189p 한산 모시 짜기

성신여자대학교박물관 109p 대동여지도

신라역사과학관 132p 석굴암의 구조, 133p 석굴암 십대 제자상, 석굴암 사천왕상, 석굴암 십일면 관음보살상

아모레퍼시픽미술관 93p 〈수월관음도〉

안동하회마을보존회 149p 전통 혼례

연합뉴스 23p 불에 타고 있는 숭례문, 41p 금령총 금관을 보는 유럽인들, 49p 무용총 무용도, 61p 창경궁 관천대, 73p 김유신묘 십이지 신상 탁본, 91p 배흘림기둥과 주심포 양식, 98p 근정전, 107p 금영 측우기, 대구 선화당 측우대, 130p 석굴암 본존상, 133p 명활산성, 149p 하회 마을 전경, 175p 종묘 제례, 186p 새마을 운동 기록물, 187p 영산재, 188p 가곡, 대목장, 190p 김장 문화

5·18아카이브설립추진위원회 185p 5·18 민주화 운동 사진, 취재 수첩, 시민 성명서

울주군청 45p 반구대 바위그림, 반구대 바위그림 상세 모습

월간 해인 135p 장경판전 외부, 장경판전 내부, 160p 고려 대장경판

유로크레온 127p 불국사 전경, 133p 석굴암 주실

이광표 59p 목조 미륵 반가 사유상

이미지코리아 55p 무령왕릉, 95p 흥인지문, 97p 경복궁

전종돈 117p 선죽교

제주특별자치도 151p 한라산, 백록담, 고라니, 152p 만장굴, 종유석과 석순, 153P 성산 일출봉, 187p 제주 칠머리당 영등굿

청주고인쇄박물관 157p 《직지심체요절》

하회별신굿탈놀이보존회 115p 양반 선비 마당

한국문화원연합회 울산광역시지회 183p 처용무

한국전통매사냥보전회(www.kfa.ne.kr) 188p 매사냥

한국진돗개보존회 21p 진돗개

허준박물관 173p《동의보감》

현대아산 117p 현릉

- 이 책에 실린 사진은 저작권자의 허락을 받아 게재한 것입니다.
- 저작권자를 찾지 못해 게재 허락을 받지 못한 일부 사진은 저작권자가 확인되는 대로 게재 허락을 받고 통상 기준에 따라 사용료를 지불하겠습니다.

| 찾아보기 |

가곡 · 188
강강술래 · 180
강녕전 · 97, 99
강릉 단오제 · 178
강서대묘 사신도 · 48
개석식 고인돌 · 123
거문 오름 용암 동굴계 · 152
거북선 · 100
거중기 · 144
건원릉 · 147
경극 · 17
경복궁 · 96, 98
경주 역사 유적 지구 · 124
경회루 · 99
고고학자 · 36
고려 대장경 · 160
고려 대장경판 · 134, 160
고려 불화 · 92
고려청자 · 86
고분 벽화 · 48, 50, 116
고인돌 · 120, 122
관가정 · 148
광개토 대왕릉비 · 46
광화문 · 97
국보 · 20
그랜드 캐니언 국립 공원 · 17
근정전 · 97, 98
금강산 내금강 묘길상 마애불 · 117
금관 · 68
금관총 · 68
금관총 새 날개모양 관 꾸미개 · 71
금동 미륵보살 반가 사유상 · 58
금속 활자 · 156
금영 측우기 · 107
김유신 묘 · 72
김장 문화 · 190
김정호 · 108
김홍도 · 110

난중일기 · 186
남사당놀이 · 187
남산 지구 · 124
남한산성 · 184
농악 · 190

다보탑 · 74
단오풍정 · 110
대구 선화당 측우대 · 107
대동문 · 117
대동여지도 · 108
대릉원 지구 · 124
대목장 · 188
덕흥리 고분 벽화 · 50
도굴 · 26
도난 · 26
돌무지덧널무덤 · 69
동궐도 · 140
동북공정 · 24, 47
동의보감 · 172
등재 · 14

마추픽추 · 17
만리장성 · 25
만장굴 · 152
매사냥 · 188
명성 황후 국장도감 의궤 · 29
명활산성 · 124
목조 미륵 반가 사유상 · 58
목판 · 108, 156, 160
목판 인쇄물 · 76, 156
몽유도원도 · 28
무구정광대다라니경 · 76
무동 · 110
무령왕 금 귀걸이 · 57
무령왕 금제 관식 · 57
무령왕릉 · 54, 56
무령왕릉 석수 · 57
무령왕릉 오수전 · 57
무령왕릉 지석 · 56
무령왕비 금동 신발 · 57
무용총 무용도 · 48
무용총 수렵도 · 48
문화유산 · 12
문화유산 해설사 · 38
문화재 · 20
문화재 복원가 · 38
물시계 · 106
미술관 · 30
민화 · 112

바둑판식 고인돌 · 123

박물관 · 30
반구대 바위그림 · 44
반차도 · 29, 171
배흘림기둥 · 90
백록담 · 151
백운교 · 126
백자 · 89
백자 달항아리 · 89
백자 철화 끈무늬 병 · 89
백제 금동 대향로 · 52
범종 · 78
병인양요 · 161, 170
보물 · 20
복원 · 22
봉돈 · 143
부부총 금제 귀걸이 · 70
부석사 무량수전 · 90
부장품 · 48, 66, 69
분청사기 · 89
분청사기 귀얄무늬 대접 · 89
분청사기 모란 넝쿨무늬 항아리 · 89
분청사기 모란무늬 장군 · 89
불국사 · 126, 128
불국사 금동 비로자나불 좌상 · 128
불국사 대웅전 · 128

사관 · 165
사정전 · 99
사초 · 165
산성 지구 · 124
산수화 · 112
삼국사기 · 82

삼국유사 · 129, 182
삼릉 계곡 마애 관음 보살상 · 124
상감 청자 · 87, 88
새마을 운동 기록물 · 186
서당 · 110
서북 공심돈 · 143, 144
석가탑 · 74, 76
석굴암 · 129, 130, 132
석굴암 본존상 · 130
석굴암 사천왕상 · 133
석굴암 십대 제자상 · 133
석굴암 십일면 관음보살상 · 133
석빙고 · 102
선덕 여왕 · 61
선죽교 · 117
성덕 대왕 신종 · 78, 80
성덕 대왕 신종 비천상 · 79
성산 일출봉 · 153
세계 기록 유산 · 14
세계 문화유산 · 15
세계 복합 유산 · 15
세계 자연 유산 · 15
세종 대왕 · 162
세종실록 · 167
수원 화성 · 142, 144
수월관음도 · 28, 92
순장 · 66
숭례문 · 22, 94
승정원일기 · 168
신윤복 · 110
십이지 신상 · 72

아리랑 · 24, 189
안악 3호분 · 48, 51
안압지 · 125
안양문 · 128
앙부일구 · 104
양동 마을 · 148
어수문 · 141
에밀레종 · 81
역사학자 · 37
연가 7년명 금동 여래 입상 · 27
연화교 · 127, 128
영녕전 · 136
영산재 · 187
영조 정순후 가례도감 의궤 · 171
5 · 18 민주화 운동 기록물 · 185
용암 동굴 · 150, 152
월성 지구 · 124
유네스코 · 14
유네스코 세계 유산 · 14
이순신 · 100, 180
인류 무형 문화유산 · 14
인왕제색도 · 112
일성록 · 185
임진왜란 · 96, 100, 180
임해전터 · 124

자격루 · 106
자하문 · 126
정선 · 112
정전 · 136

정조 · 142
정종실록 · 166
제경판 · 160
제주 칠머리당 영등굿 · 187
제주 화산섬 · 150
조선 왕릉 · 146
조선왕조실록 · 16, 164, 166
조선 왕조 의궤 · 29, 170
종묘 · 136
종묘 제례 · 174
종묘 제례악 · 174
주심포 양식 · 90
주합루 · 141
줄타기 · 189
중요 무형 문화재 · 20
진시황릉 · 67
직지 · 156, 159
직지심체요절 · 28, 156, 158
진경 산수화 · 112

창경궁 관천대 · 61
창경궁 자격루 · 106
창덕궁 · 138, 140
창덕궁 금천교 · 141
창덕궁 돈화문 · 140
창덕궁 부용정 · 138
창덕궁 부용지 · 138
창덕궁 소요암 · 140
창덕궁 옥류천 · 140
책가도 · 112
처용가 · 182
처용무 · 182

천마도 · 64
천마총 · 64
천마총 금제 관모 · 70
천연기념물 · 20
천장문 · 141
첨성대 · 60, 62
청운교 · 126
청자 상감 모란무늬 표주박모양 주전자 · 88
청자 상감 운학무늬 매병 · 87
청자 용머리 장식 붓꽂이 · 88
청자 참외모양 병 · 88
청자 투각 칠보무늬 향로 · 88
청화 백자 매조죽무늬 유개 항아리 · 89
측우기 · 107
칠보교 · 127, 128

큐레이터 · 37

타지마할 · 16
탁자식 고인돌 · 123
태조실록 · 165
태종실록 · 165
택견 · 188
토용 · 66
토우 · 66
토우장식 목 항아리 · 66

판소리 · 176

팔달문 · 142
팔만대장경 · 160
평양성 · 116
포석정지 · 82
품계석 · 99
풍속화 · 110

하회 마을 · 114, 148
하회 별신굿 탈놀이 · 114
하회탈 · 114
한라산 · 150
한산 모시 짜기 · 189
해시계 · 104
해인사 장경판전 · 134
허준 · 172
현릉 · 117
화성 능행도 · 145
화성 성역 의궤 · 144
황금 유물 · 68
황남대총 · 68, 125
황남대총 금관 · 70
황남대총 금제 허리띠 · 71
황룡사 지구 · 124
황룡사터 · 125
후원 · 139
훈민정음 · 162
휴대용 앙부일구 · 105
흥선 대원군 기린 흉배 · 65
흥인지문 · 94